大夏书系·数学教学培训用书

换个角度
看／教／育

叶建云 主编

16个小学数学
特级教师随笔精选

华东师范大学出版社
ECNUP
全国百佳图书出版单位

目　录

自序 教育，因真情绽放迷人的芳香

近十年来，我参与主编了三本"大夏书系"小学数学教育用书：最初，我和余文森教授、林高明老师合作主编了《名师怎样观察课堂（小学数学卷）》（2009 年 9 月第一版，目前第五次印刷）；接着，我独立主编了《可以这样教数学——16 个小学数学名师的教学智慧》（2012 年 8 月第一版，目前第五次印刷）；后来，我又和陈荣艺校长合作主编了《名师教学艺术与课堂技巧 100 例（小学数学卷）》（2014 年 4 月第一版，目前第四次印刷）。主编这几本关于全国小学数学名师课堂观察视角、教学智慧和教学艺术的教育著作的过程，其实就是与名师们不断交流、不断学习和不断反思的过程。名师们精益求精的专业态度，给我留下非常深刻的美好印象。同时，在不断与名师们真诚交流的过程中，我常想到这样一个问题：通常，我们所熟知的全国小学数学名师，展现给我们的，更多的是他（她）们教育的智慧，这种教育智慧的背后，究竟有什么样的真情相随呢？正如肖川教授所言："没有真情，生活就是无边的荒漠，教育也就只是一种敷衍和应付。"

就这一问题和朱永通先生交流时，获得他的首肯。

于是，有了本书。

于是，有了这样一个个不一样的真情视界：让更多的一线教师走进名师们的真情时空，去探寻教育智慧背后的秘密。

亲爱的读者，愿您的真情与名师们的真情相融。

教育，因真情绽放迷人的芳香！

叶建云

2019 年 8 月 8 日

1　邱学华卷

为"奥数"正名

拙作《为应用题正名》《再为珠算正名》相继在《中小学数学（小学版）》发表后，在小数界产生了较大的反响，得到许多教师的支持，使我倍感欣慰。现在教育界、学术界应该鼓励百家争鸣，教育杂志要敢于刊登表达不同学术观点的文章，当真理越辩越明，才能避免走弯路、瞎折腾。

本文提出一个十分敏感的"奥数"问题。前一阶段，奥数已经被批得体无完肤，成了过街老鼠人人喊打，学生厌，家长恨，教师骂。一位大学教授甚至咬牙切齿喊出了"打倒万恶的奥数"的口号，宣称"奥数之害远甚黄、赌、毒……"

奥数被妖魔化了，实在是太冤屈。奥数不能说话，无法为自己申辩。我有不同的观点，不吐不快，要为奥数正名。

一、奥数的今生来世

"奥数"是奥林匹克数学竞赛的简称。数学奥林匹克竞赛已有百余年的历史。1894 年，匈牙利教育部门通过一项决议，在中学举办数学竞赛，这是世界上最早的有组织地举办的数学竞赛。此后，罗马尼亚、保加利亚、波兰、捷克、荷兰、苏联、美国等相继举行数学竞赛。

1934 年、1935 年，苏联分别在列宁格勒和莫斯科举行了"数学奥林匹克"，从此"数学奥林匹克"这个名称就出现了。1959年，罗马尼亚"数学物理学会"向"东欧七国"发出邀请，倡议在布加勒斯特举行第一届"国际数学奥林匹克（IMO）"。这是世界上最早举行的国际性的数学竞赛。从此，"数学奥林匹克"一年一次从未间断。中国的数学竞赛起步较晚，直到1985年，我国才派出两名选手非正式地参加了IMO，成绩很不理想。1986年开始，我国正式参加IMO，成绩逐年提高。以后中国选手在IMO上摘金夺银、载誉而归已成家常便饭，值得中国人自豪。

受我国选手在国际数学奥林匹克连连夺冠的鼓舞，从1989年开始，中国数学会普及工作委员会发起，举办小学数学奥林匹克邀请赛。这项赛事以小学高年级数学尖子生为对象，命题新颖，有启发性，可充分发挥学生的聪明才智。

二、奥数背后的种种交易

奥数的本意是激发学生学习数学的兴趣，发现和培养科学人才，促进数学科学的发展，当今世界绝大多数的发达国家都非常重视。可是，在我国却出现痛批奥数、逼停奥数、打倒奥数的怪现象，不仅令人费解，也令人痛心。

究其根源是应试教育惹的祸。1998年以后，奥数突然变热，变成全社会关注的焦点。主要原因是国家义务教育法规定小升初实行免试就近入学，教育部也三令五申，小升初实行就近入学，不能择校。可是许多教育行政部门和重点中学置若罔闻，阳奉阴违：有些重点中学入学要看奥数成绩，有些重点中学暗地里举行考试，把奥数题塞进试卷中。这样，奥数被当成进入重点中学的敲门砖，立即身价百倍。为了孩子进重点中学，家长无奈，纷纷把孩子送进奥数培训班。因为如果碰上一道奥数题就能多得三五分，达到分数线，可顺利进入重点中学。如果缺少一二分没有达到分数线，必须出三五万元择校费。这三五分就值三五万元，家长都会算账，多花几千元进奥数培训班，说不定能省三五万元择校费，当然值得了。

教育部早已三令五申不准收择校费，为什么当地教育行政部门不问不闻呢？原来家长在交了择校费后，重点中学就逼着家长在"自愿赞助书"上签名画押。而重点中学在把"赞助费"全部上交给教育局后，一般同教育局三七开，30% 返回给学校使用，所以有些重点学校有钱组织教师出国考察（旅游）。不过教育局长也有苦衷，这笔"赞助费"并没有被中饱私囊，而是用于给所有学校教师发奖金，因为有部分奖金财政不发，要教育局自己筹集，教育局长也是无奈呀。

三、奥数本无罪，还奥数清白

看了上面的交易内幕，大家会了解产生奥数热的真正原因。教育部根据义务教育法规定取消小升初考试，一律就近入学，原本是一项减轻学生过重负担的重要措施，可是到下面走了样。真是"上有政策，下有对策"，重点中学用奥数选择学生，收取赞助费，因而催生出奥数热。奥数被推向台前，成为众矢之的。

大家都知道"水可行舟也可覆舟"的道理，古代药学家孙思邈曾说"食物用之得当则养生，用之不当则伤人"，也是这个道理。奥数说简单点，不过是较难的数学题，何罪之有？用之得当，能启迪学生思维，发展数学才能；用之不当，则成了迈进重点中学的敲门砖，榨取家长钱财的摇钱树，诱逼学生进培训班的催命鬼。

奥数本身没有罪，是有罪之人把奥数当作挡箭牌，把所有的污水都倒在奥数身上，这不是天大的冤屈吗？我们要通过现象看本质，从源头上查起，罪魁祸首应该是应试教育，还有一批违法乱纪的教育行政部门负责人和重点中学的校长。一位家长说得好："如果奥数同重点中学升学脱钩，严格按照国家规定小升初取消入学考试，就近入学，哪个家长还逼着孩子进奥数培训班，这不成了傻瓜了吗？"有的家长更直截了当："目前的问题是有法不依、执法不严。如果哪个重点中学还敢暗地里搞小升初入学考试，还敢收择校赞助费，就撤校长的职，看他还敢不敢！"真是一针见血。

在一片打倒奥数的口号声中，奥数竞赛不能搞了，奥数培训班停办了，甚至在国际数学奥林匹克竞赛中获奖的选手和教练也被搞得灰溜溜的，这种做法实在令人担忧，担心又要瞎折腾了。

在当今世界，很多先进国家都有国内的奥数竞赛，国家间的奥数竞赛也开展得如火如荼。奥数成了一些国家发现和培养杰出人才的平台，其中包括著名的力学家冯·卡门，著名经济学家、1994年因博弈论而获诺贝尔经济学奖的豪尔绍尼等人。

前面已谈过，原本我国在奥数方面起步晚，比较落后，经过几代人的努力才跃居世界领先地位。每年的比赛我们都能夺金摘银、载誉而归，值得国人自豪，树立了数学大国的形象。我国可以全民搞奥运，每一个奥运冠军都受人尊敬，为什么就容不下数学奥林匹克竞赛呢？现在把奥数打倒了，我们好不容易取得的辉煌成绩毁于一旦，一下子落后多少年，再要搞上去就艰难了，这不是自毁长城、瞎折腾吗！希望决策者三思。

我建议数学教育界和有关媒体继续开展奥数问题的大讨论，把这个问题的来龙去脉、是非曲直、利害得失彻底搞清楚，防止走弯路、瞎折腾！

从 2015 年 PISA 测试结果说开去

　　PISA 测试是国际经合组织进行的学生评估项目，每三年进行一次，对象是 15 岁学生（相当于中国初二或初三的学生），考查内容为数学、科学、阅读三项。

　　2009 年，上海第一次参加 PISA 测试，结果一鸣惊人，数学、科学、阅读三项都是世界第一，引起国际关注。2012 年，上海第二次参加，结果又是三项第一，并且把第二名远远甩在后面，这个结果震惊了全世界，值得国人自豪。参加测试的全是发达国家和地区，上海连续两次名列第一，这不是偶然的运气，而是因为中国学生的素质高，也反映了中国的教育制度、课程内容、教学方法不比西方的差，具有世界领先水平。

　　可是这样值得国人自豪，特别是令教育界引以为荣的大事，在国内却反响平平。不知从哪里吹出一股冷风，"说什么考第一，有什么稀奇的，这是应试教育的结果"，"中国学生就是会考试"，"中国学生擅长死记硬背，没有能力，没有创造力"……面对这些非议，上海市教育局十分低调，对此事既不宣扬，也不反驳。可是外国人看不过去了，英国的麦克雷先生在《独立报》撰文指出："经合组织对 15 岁学生进行的国际学生评估项目，测试结果显示，上海学生在阅读素养、数学素养和科学素养全部三项评估中得分最高。测试的目的是评估他们将自己学到的知识运用到实际中的能力。所以你不能说这是中国学生接受'填鸭式教育'的结果。"（《参考消息》2015 年 6

月 7 日）英国、美国等发达国家纷纷派人到上海学习经验，英国更表示要引进中国的小学数学教材和练习册，乘法口诀，连教师都想引进。

2015 年，我国第三次参加 PISA 测试。这次有 72 个国家和地区参加。我国由北京、上海、江苏、广东四省市参加，从 145 万名学生中随机抽出 1 万名学生参加计算机测试。

大家一直等待着结果。2016 年 12 月 10 日我在澳门参加数学教育活动，在听到了测试结果后，大为震惊：数学第六，阅读第二十七，科学第十，总分第十。同 2012 年相比成绩大幅倒退，连中国澳门都不如。澳门数学界的朋友对这个结果也感到十分意外，他们问我什么原因，我无以回答。

回到内地，未见媒体报道，只有通过朋友从微信中发来的资料了解详情。这份以"西雅图·尼雷尔"名义发的资料中有详细的统计数据。仅以数学排名来看，依次是新加坡、中国香港、中国澳门、中国台湾、日本、中国 B-S-J-G（即北京、上海、江苏、广东）。以前，在数学方面，中国绝对领先。我看了心情特别沉重，把这些统计数据转发到微信群里，希望大家分析与反思。可是响应者寥寥，大都抱着无所谓的态度，说什么"好一点也好，差一点也罢，任何考试都无法测量出人的全部素质和真正的质量"。甚至扣上应试教育的帽子，说什么"迷信 PISA，其实与我们大搞应试教育的本质是一致的"。

我认为在 2015 年 PISA 测试中中国（不含港澳台）成绩从总分第一倒退到第十，这不是一件小事。抱着无所谓的态度，这是不负责的表现。我们应该认真分析，深刻反思，总结教训，以利提高。

我试着从以下三方面分析，抛砖引玉，引起大家的关注，发表各自的看法。

一、什么是 PISA 测试？

这是一项由世界经济合作与发展组织（简称 OECD）统筹的国际性测试，名为学生能力国际评估计划项目（简称 PISA）。

测试对象主要是接近完成基础教育的 15 岁学生（相当于中国初二、初三的学生）。在每个参与国（或地区）随机抽取 4500 ～ 10000 名学生参加。

测试内容分为三个领域：阅读素养、数学素养和科学素养。试题并不限于书本知识，着重于应用及情境化，受测试学生必须灵活运用学科知识与认知技能，针对情境化的问题自行建构解决方案，从而检测学生的基础素养。

受测学生采用随机取样的办法，例如，2015 年测试，从中国的北京、上海、江苏、广东四省市的 145 万名学生中，随机抽样出来自 268 所学校的 1 万名学生，在各自学校中通过计算机考试模式完成测试，并严格按照国际统一标准搜集抽样信息。这套测试办法应该说是比较科学、公正的。

由于命题的时效性、灵活性和应用性，测试办法的科学性和客观性，PISA 测试越来越受到国际教育界的重视，已成为一项具有国际权威的学生学习能力测试。到目前为止，经合组织有以欧美为主的 35 个成员国，但一些非成员国（或地区）也纷纷参加测试。中国（包括香港、澳门、台湾地区）是非成员国，2009 年也开始参加了。2015 年参加测试的国家和地区已有 72 个。

由于历史原因，中国在国际教育界并没有话语权，许多国家对中国的教育并不了解，再加上中国媒体自己的负面宣传，他们总以为中国教育很落后，教学方法很陈旧。所以，中国以上海为代表在 2009 年、2012 年连续两次参加 PISA 测试，两次夺冠，震惊了世界，欧美多家媒体惊呼"意外"，通过追踪分析上海及亚洲教育的成功经验，来反思本国教育的问题。美国联邦教育部部长阿尔尼·邓肯表示，这是一个"警醒"。欧美一些国家纷纷派人到上海探求奥秘。

中国在 PISA 测试中连续两次夺冠，改变了国际教育界对中国教育的看法，树立了中国新形象，提升了中国的话语权。这也是中国崛起、中华民族复兴的表现，值得国人自豪。所以对 PISA 测试抱着无所谓态度是没有远见的，特别是有些人连对 PISA 测试还不甚了解就胡乱开炮，更不是科学的态度。

二、2015 年测试，中国成绩为什么会大倒退？

2015 年测试，中国从连续两次第一倒退到第十，国内外都感到"意外"，纷纷议论。

我认为这次大倒退恰恰暴露了中国教育发展中的大问题，教育不均衡，地区之间、学校之间两极分化的现象越来越严重。

前两次都由上海参加，上海原有的教育基础好，它的远郊原来都是江苏省的发达地区，如嘉定、松江、青浦、奉贤等，再加上多年来上海市政府一向重视教育均衡发展、教育集团化，总体来说教育发展是比较均衡的。这次除上海外，还有北京、江苏、广东参加。虽说这三个都是经济发达地区，但内部在经济和教育上存在较大的差别。如北京，远郊的怀柔、平谷、密云、延庆与市区几个区有很大差距；广东粤北山区与沿海的深圳、珠海、广州是无法相比的；就是江苏，苏北宿迁、盐城、连云港同苏南的苏州、无锡、常州也相差甚远。PISA 测试，采用随机抽样的办法，从 145 万符合条件的学生中抽出 1 万人参加测试，很有可能抽到这四省市中落后地区的学生，所以这次成绩大倒退是合乎情理的事。

再假设一下，受测的地区不是北上苏广，而是云贵川，情况又会怎样呢？中国的成绩可能就是倒数几名了。有些山区农村学生连计算机都没有碰过，怎会用计算机去应考呢？

中国教育成绩很大，但问题也不少。其中一个严重问题，就是教育不均衡，两极分化太严重，好的可能是世界第一，差的可能是倒数第一。新中国成立已经 60 多年了，还没有解决这个问题，值得我们反思。

三、下一次 PISA 测试，中国成绩将会怎样？

除了教育两极分化的问题外，中国还有两个尖锐问题，制约着教育质量的提高：一是教师水平呈逐年下降趋势；二是教育理论界的思想混乱，使人不敢抓教育质量。

新中国成立以后很长一段时间，我们逐步构建成完整的有效的师范教育体制，从师范大学（学院）、师范专科学校直到中等师范学校，全部实施免费教育，普遍享受人民助学金，全部按照国家计划包分配工作。由于政策优惠，能够招收到大批的优秀学生。各级师范院校有专设的培养教师的课程，并有见习、实习的教师专业训练。可是从上个世纪八九十年代开始，一些师范院校向综合性大学靠拢，有的干脆改名。中等师范学校更糟，为了升格成大专，上级部门也不管，只能树倒猢狲散，各奔东西，如有百年历史的常州师范学校拼入了常州工学院，岂非咄咄怪事！再加上取消师范的免费制和包分配制，致使师范学校的生源质量逐年下降。

当下，教师队伍呈现高学历、低水平的态势。比如，数学教师中本科生、研究生比比皆是，可是很多人连最基本的数学概念都搞不清楚，新课改以后，教师培训重点放在转变教育理念上，大都是专家讲座加名师上课一套模式，忽视了教师专业课程和学科素养的培养。20世纪60年代行之有效的"教材过关"培训方式现在见不到了，致使很多年青教师对教材一知半解。

提高教育质量关键在教师，没有高水平的教师怎能培养出高素质的学生？随着老师范生逐步退休，新教师又没有跟上，我们要在PISA测试中继续夺冠，确实是困难重重。

再谈制约中国教育质量提高的第二个问题，当下大多数学校的校长和教师不敢抓教育质量，源于教育理论界的思想混乱。原来没有"应试教育"的提法，仅有"片面追求升学率"的提法，为了树立一个"素质教育"对立面作为批判对象，因而提出"应试教育"这个概念。由于对"应试教育"这个概念没有给予清晰的界定，在教育实践中，人们往往把"应试"与"应试教育"这两个截然不同的概念混淆起来。应试是应对考试的策略，因此有"考试"必然有"应试"，一百年以后也是如此。有些人把必要的考试、研究考试的策略、统计考试的分数，都当成"应试教育"来批判，形成一股"逢考必反"的氛围，挥舞着"应试教育"的大棒到处乱打。升学率高的被扣上"高考工厂，应试教育的机器"，教育质量高的被套上"走应试教育老路"，谁敢公开提出要抓教育质量，谁就被戴上"应试教育吹鼓手"的帽子。教育质量低下没有人问责，而加强管理、提高了教育质量，反而会被戴上搞"应试教育"的帽子。只能说"探究创新"，不敢提"勤学苦练"。在"应试教育"大棒满天飞的氛围下，谁还敢抓教育质量？在这样的氛围下，我们要在PISA测试中继续夺冠，更是困难重重。

在巴西举行的奥运会，我国的成绩下降了，这同有些同志对奖牌表示无所谓的态度有关。体育总局领导同志说"我们不能唯金牌论，但是不能不要金牌"。同样的道理，"我们不能唯升学率论，但是我们不能不要升学率""我们不能唯分数论，但是我们不能不要分数"。看待事物不能绝对化，绝对化了必定走向反面。

本文涉及面很广，由于篇幅所限，不能展开说，但基本上能够表达我的观点，我的担忧，我的希望。文章就此打住，仅供大家参考研究。

八十多年前的一堂算术课

上个世纪 30 年代，距今已 80 多年了。那时小学数学课是怎样上的，想必大家很想知道。可是现存的资料很少，也很难查到。

最近，我重读了俞子夷、朱晟旸编的《新小学教材和教学法》。此书是 1935 年出版的，以后连续修订了 6 次，足见此书在当时的影响。2006 年福建教育出版社出版"二十世纪中国教育名著丛编"，把该书列入其中，重新出版。在该书中，我意外发现第八章"算术科"教学方法中附有一堂课的实录。这篇课堂实录，引自俞子夷主编的《教师之友》杂志，时间是 1935 年，距今 80 多年了。

这堂课的教学内容应是低年级"30 以内加减法"练习课。现把这篇课堂实录抄录如下：

这一节是算数。

教师来了，这是一位青年女教师，由她的慈爱而安详的面容上，表现她是乐于职业的一位好教师；在儿童"一，二，三"的三种动作中，他们互相敬了礼。这时，女教师先将她的眼睛，很快地把教室前后左右扫过一周，全室的儿童们的注意力，完全在她这一扫中收拢来了。她用很和平的声音问道：

"昨天的故事，大家还记得吗？"

"记得的。"

"叫什么名字？"

"小白兔做生日。"

"有趣吗？"

"有趣有趣！请老师再讲一个吧！"

"再讲一个吗？可以的。不过，我要请你们做一件事，大家愿不愿呢？"

许多小手举起来了。

"你们并没有听我说出是什么事，怎么就举手呢？"

大家欢笑了一阵，小手又一个个很快的缩回去了。

"今天，我请你们做瞎子听响的游戏。你们看我……"

说着，这位女教师把她的双眼闭起来了。自己拍着双手，拍了 4 下，她把眼睛睁开来说："几响呢？——4 响。"再继续把眼闭上，拍了 9 下，睁开眼来："几响呢？——9 响。"她向儿童微笑了一笑。

"这个游戏会做吗？"

"会做。"

"好，我们先试一次看；请你们闭起眼来做小瞎子。"

儿童们的小眼睛，一双双地闭上了，有的忍不住乞乞地笑，教师并没有干涉他们。但即时也就平息了。她先把手拍了 7 下。

"几响呢？"

"7 响。"

"好了，你们都会了，现在我们要来比赛了。看哪一组小朋友顶好，一个错的也没有。——请你们闭上眼睛吧。"

她第一次拍的响声，轻重是一样的，拍了 5 下。

"几响呢？"

"5 响。"

第二次和第一次一样，但是拍了 11 下，儿童也都答得不错。

第三次，她拍的声音有强有弱，用字表之如下：

"拍，拍，拍，拍，拍，拍！"

"几响呢？"

"6 响！"儿童听了感到兴味，所以回答的声音很响亮！

"好，你们说的都不错，再来。"

"拍，拍，拍，拍，拍，〇，拍，拍！"

她先拍了 5 下，声音由高渐低，中间停了一下，再连拍两下。

"几响呢？"

"7 响。"许多儿童的回答。

"不，8 响，8 响。"一个儿童的反驳。

"7 响，7 响，你听错了。"室内起了一阵小小的喧哗。

"我来说明白吧！"教师向那个说 8 响的儿童说："的确是 7 响，中间停了一次没有拍。"

那个反驳的儿童心服的坐下去了。

于是，她顺应着儿童的兴趣，有变化的把这个听响的游戏继续做了好几遍；儿童有了错误，很诚恳地说给儿童明白。并没有像一般教师把错的儿童姓名写在黑板上，画一个粉"×"。

听响游戏做成之后，在一个很自然，很敏捷的转场中，教师在说故事了。她的声音很温和，但确有力量，句句惹起儿童们的注意。

下面是她说的故事：

"有一个老太婆，老的头发也白了，背也驼了，走起路来，像这个样子。"她学着老太婆驼背走路，引起儿童们大笑。

"但是哟！"她用力的说了一这句，教室内的喧嚣空气，陡然回复到静穆。

"她却用她的两只手，两只脚，用力做事呢！

"她养了一只老母鸡，这只母鸡每天生下 1 个蛋。

"一共生了两个星期。——你们知道这母鸡生下多少蛋？"

"14 个。"

"对啰！后来母鸡又接着生了一星期的蛋，现在老太婆共有多少蛋？"

"21 个。"

"也不错。老太婆把这 21 个蛋放在草窠里，叫老母鸡去孵蛋。孵了 22 天，哟！小鸡出来了。老太婆十分的欢喜。第一天出来 5 只小鸡，第二天又出来 7 只小鸡；第三天又出来 2 只小鸡；这三天一共出来几只小鸡？"

"14 只！"但，也有的说：

"12只！"

于是这位教师知道儿童听不真确，她来重新整理一下，她说：

"第一天出几只？"

"5只。"

"第二天呢？"

"7只。"

"第三天呢？"

"两只。"

"一共有几只？"

"14只。"

儿童的观念正确了，她便继续说下去。

"第四天老太婆又收到5只，连前三天的一共是多少？"

"19只。"

"草窠里还有多少蛋没有出鸡？"

"两个。"

"对啰！可是第五天，老太婆还想收这两只鸡，哪料那两个蛋已被老母鸡踏坏了！老太婆觉得很可惜。只好把老母鸡放出来领小鸡。

"老母鸡天天咽咽咽地领着小鸡在青草地上找小虫吃，十分快乐。忽然有一天，不幸的事件发生了！当小鸡们正在东跑西跑的时候，天上忽然飞下一只老鹰来了，很快的抓了一只小鸡飞到空中去了！可怜老母鸡扑着翅膀想追赶，但哪能追的上去呢！只好流着眼泪领着小鸡们回来了。

"这时有多少小鸡了？"

"18只。"

"对了！又过了几时，在一天里，老太婆没有把鸡笼门关好，半夜的时候老太婆睡在梦中，忽然听见小鸡的叫声，接着又有老母鸡的叫声。老太婆知道不是好事，连忙起来，点灯一照，一个很大的黄鼠狼衔了一只小鸡飞也似的跑掉了！老太婆再细细一照，只见地上又死了两只（是黄鼠狼咬死的）。这时，老太婆很伤心。请你数数看，老太婆还有几只小鸡？"

"15只了！"

"是的，可怜老太婆原有几只小鸡的？"

"19只。"

"少了多少？"

"4只！"

"所以，老太婆现在很小心了！她白天里看着小鸡在草地上吃虫，夜晚把鸡笼门关得十分牢固。这样，这几只小鸡才渐渐长大了。

"两个月之后，15只小鸡能分别出公鸡和母鸡了。老太婆欢喜母鸡，她说：'母鸡好，母鸡会生蛋；蛋可吃，又可卖钱。'所以，她欢喜母鸡，她把母鸡数了一数，是9只！你们想想看，公鸡有几只？"

"6只。"

"对啰！6只。老太婆说：'养6只公鸡太多了，并且也没有许多食料喂它们，我只养1只公鸡，早晚叫叫，好知道时间的早晚，其余的公鸡，都卖掉吧。'现在，请你们想想，老太婆卖掉几只公鸡？"

"5只。"

"是的。老太婆把5只公鸡卖掉之后，拿了许多钱，买些米，煮饭吃；买些布，做衣穿；老太婆便不受饿，不受冻了。她每天早晚，就用心看护她的1只公鸡，9只母鸡，和1只老母鸡。现在，一共有几只鸡？"

"11只。"

"对啰！老太婆用心养鸡，不久，母鸡都生蛋了，老太婆的生活过得很快乐，很快乐。

"故事完了，有趣吗？"

"有趣！有趣！"儿童们很响亮地回答着，大家都觉得身上有一种轻松的快感。

"现在，老太婆有许多事要请你们帮帮忙。老太婆向我说：'先生，我的年纪大了，鸡养的又多，母鸡天天生蛋，所以生下的蛋太多了，我算不来，请你的小朋友们帮帮忙。'你们愿意不愿意帮她的忙？"

"愿意！愿意！"

"这就是老太婆的鸡蛋账，请你们算吧。"

于是，这位老师便把预备着的油印的30以内的加减法的练习纸，散给儿童了。她预先数好了一组一组的儿童数。她在散纸的时候，先交给每组组长，各组长很快的散给各组的儿童。时间不到两分钟，全室 54 个儿童，人人都有了。儿童们很轻快地取出铅笔，大家都在埋头演算了，教室内顿时默静下来。

约莫 5 分钟之后，儿童都先先后后的举起铅笔来了。依他们的常规，举起铅笔，算是作业完了的表示。教师便向他们一一点点首，表示知道。儿童经了教师的点首，便把铅笔放下去了，等着交卷子给组长。一刹那间，各组的卷子都由组长收齐交给教师，教室内只有 6 个组长的走动，其余儿童，都仍安坐在座位上。

刚巧，钟声响了，在"一，二，三"的动作之后，教师挟了算卷走出教室。

这堂课简单明了，生动有趣。全课可分成三段：第一段"听响识数"游戏，儿童闭着双眼，听教师拍手，儿童根据声响报数；第二段是这堂课的主体，通过老婆婆养鸡生蛋的故事，让儿童计算 30 以内加减法。整堂课用一个故事串联起来，他们饶有兴趣，一边听故事，一边做加减法计算；第三段是帮老婆婆算鸡蛋账，进行笔头练习，时间也只有五六分钟。

30 年代流行游戏数学法，让学生在游戏中学习，让学生学得轻松愉快，特别在低年级强调随机教学，结合生活中的事例，随机学习数学知识。这些做法符合儿童年龄特点，符合儿童学习规律，我们可以从中得到启示。

80 多年过去了，教育理念、教学方法和教育手段都有了长足的发展。但是当下学生负担重，特别是低年级儿童身上承受的东西太多。"双基"不够，还要"四基"，六七岁的孩子就要接受分类思想、数形结合思想、统计思想、概率思想。有些教师对数学课程标准认识上有误区，把课程目标当作每一堂课的目标。课程目标是这门课程完成以后要达到的目标，不是每堂课所需要的。现在一些教师操之过急，随意提前，什么都压到低年级儿童身上，造成前紧后松、虎头蛇尾的怪象。在各学段中，小学生负担重，大学生负担轻；在小学中，低年级负担重，高年级负担轻。

2　华应龙卷

"天圆地方" 求超越

2012年4月，北京市西城区教委成立了"华应龙名师工作室"。在挂牌仪式上，教委领导说："这是我们西城区中小学的第一个名师工作室。"西城区名校林立，名师云集，这"第一个"，是荣誉，更是压力。

夜深人静，我暗暗鞭策自己：带个好头！家有家规，室有室风。我追问自己：我的室风是什么？我应该传递给入室弟子们怎样的做人做事态度、为人处世方式？

联想到自己在乡村任教时名片logo的多重含义（第一是一个数学符号；第二是追求外圆内方，感觉修行不够，只现一半；第三是稳步向上，脱颖而出），室风就是"外圆内方"吗？似乎韵味不够。

在我踌躇的时候，恰巧看到一篇文章介绍著名历史学家顾颉刚将治学经验归纳为"天圆地方"四字。他所说的"天"，系指人之朝天的脑袋；他所说的"地"，系指人之接地的臀部。所谓"天圆"，就是做学问要脑袋"圆通"，勤于思索，真正做到"活读书，读活书，读书活"；所谓"地方"，就是求知识须臀部"方正"，坐得稳，坐得牢，如木板钉钉，坚韧不拔。

真有意味！我喜欢。室风就是"天圆地方"了！赋予其几层含义——

一是倡踏实，夯实功底。功夫是"坐"出来的，成为名师没有捷径，需践行顾老所言。当下风气浮躁，有人渴望一夜成名、一课成名。加入名师工作室，只是找到了一个方向，找到了一个可以静心下功夫的地方。方向对了，就不怕路远，要享受寂寞，甘坐冷板凳，要舍得衣带渐宽人憔悴，立志读破万卷书，拍圆大脑袋，坚守"课不润人誓不休"，以求实现教学超越。师范毕业时，姚烺强先生送了我一句话："积水成渊，蛟龙生焉！"我很喜欢。

二是尚质疑，开创新局。古人认为，天似华盖，形圆；地如棋盘，形方，故曰"天圆地方"。远航归来的桅杆，引发我们思考：真的"天圆地方"吗？我们要勇于喊出："从来如此，便对吗？"小学数学教学也需与时俱进。从这个层面来说，室风定为"天圆地方"，颇有些哈佛大学内哈佛铜像的味道。

哈佛雕像的底座上有三行字，第一行"约翰·哈佛"，第二行是"创办人"，第三行则是"1638"。乍一看，谁都会理解为哈佛本人在1638年创办了哈佛大学。实际上，这三个简单的陈述居然都与事实不符，是"三大谎言"。在雕像的左侧，是哈佛大学"追求真理"的校训。"追求真理"的校训与"三个谎言雕像"相映成趣。可能正因为这样的缘故，哈佛像与纽约的自由女神像、华盛顿的林肯纪念堂坐像和费城的富兰克林雕像一起，被誉为美国摄影留念最多的四大雕像。

我上出"单位让分数更好玩"的《分数的再认识》，"让规律多飞一会儿"的《规律的规律》，"让学习像呼吸一样自然"的《角的度量》……都是大胆质疑的成果。我们坚信：非质疑无以超越。

三是崇圆融，人课合一。我曾想象，"天圆地方"的投影不就是"外圆内方"吗？查阅文献才知道，"天圆地方"的本质渊源于先天八卦图。这样的话，"天圆地方"就是"外圆内方"的另一种表达。

"方""圆"其实并不局限于几何形状，而是一种哲学抽象。"圆"的意味是变通、灵活、施与，即"乾"卦；而"方"的蕴含是承载、稳定、不动，即"坤"卦。《易经》说："天行健，君子以自强不息；地势坤，君子以厚德载物。"做人要"外圆内方"，持经达变，做数学教师既要知道"不以规矩不成方圆"，又要知道"曲成万物"，曲径通幽，教学有路曲为径，秉持"我就是数学"的信念，追求人课合一，课如其人，人如其课。"我就是数学"乃是自我安顿、自我期许和自我鞭策。既用数学修身，也用数学育人，还用数学立命。数学教师的生命就是在与数学的不断圆融中成就超越。

室风既定，我就考虑请位大家来题写。2013 年，首届"明远教育奖"颁发，全国大中小幼教师共 13 人获奖，我忝列其中。乘着获奖的际遇，我诚挚恳请顾明远先生题写室风。

室风挂在墙上，更立于我心中。马斯洛的需要层次理论后来有了新的发展。他将"自我实现"区分为两层水平：一是个人水平的"自我实现"；二是超个人水平的"自我实现"。这表明，超越自我是人的最高动机。因此，自觉而觉他，"天圆地方"求超越，当为本工作室的最高追寻。

对号入座的对与错

北师大新世纪小学数学教材编委会原定 2017 年 3 月 21—22 日在我校召开"第二届化错教育研讨会",和西城区"华应龙名师工作室""北京市名师工程""北京市特级教师工作室项目"等活动整合,做一次全国性教研活动。

但适逢全国"两会"在 3 月份召开,北京不可以有大型集会,因此会务组决定把研讨会移到我的老家——"中南海"——中国南通海安——召开。会议规模还是 600 人,在我曾经工作 7 年的海安县实验小学剧场举行。

2 月 19 日对外发布邀请函。邀请函发出的最初一周里,我担心时间太短,没有多少人来参加。哪知反响很火爆,一眨眼,报名人数就超过了 600。怎么办?开分会场?转播的效果肯定没有现场好。从参会老师角度考虑,换个大一些的会场才好。会务组最后选择了能容纳 1158 人的海安县文化艺术中心礼堂。

承办单位之一的南通市教育局原计划 3 月 17 日根据报名情况,再组织本市老师报名。不承想,到 3 月 14 日,来自全国 30 个省(市)、自治区的报名人数已经超过 1100 了(这其中,整个南通市自发报名的只有 100 人多一点)。会务组赶紧对外发布不再接受报名的信息。还是有老师坚持要来,也有老朋友、领导打招呼,让增加名额。

会务组还得考虑专家、领导的座位啊。我提出要做预案:如果开会那天没报名的老师大老远地赶到会场,就是不让参加,我的心好像硬不起来。

分会场预定在隔壁的一个小剧院，可以容纳200多人。如何保证先报名的主会场老师的权益呢？仲海峰主任提出：发座位票，对号入座。这样，分会场的老师就不好抢主会场的座位了。我夸赞道："考虑得真细致，是个好建议！"

　　会务组的工作很给力，一切按新计划进行。

　　3月21日8点25分，距离8点30分的开幕式时间还有几分钟，我在贵宾室陪着专家、领导聊天。南通市教育局办公室倪健主任进来，把我拉到一边，脸色凝重地说："华校长，您看会场，一半的人都不到，怎么回事？怎么办？"我一看会场，心情一落千丈。怎么会这样啊？纳闷，纳闷！"昨天晚上11点，我问负责报名工作的侯慧颖主任了，报到人数已经接近1000了啊，怎么会这样？""大概老师们对开幕式不太感冒。"怎么办？不能这样开场啊。我问仲海峰主任分会场的情况，他说基本满了。看着三三两两进来的人群，我决定推迟10分钟开幕。虽然我知道会议东道主——南通市副市长、海安县委书记陆卫东在参加半小时的开幕式后还有重要的活动。

　　8点35分，会场上的人群还是稀稀拉拉，缺少人气。我在大幕后走来走去。让分会场老师进主会场？那主会场拿票的老师进来了要对号入座，又怎么办？纠结，纠结。发座位票，就是为了保障主会场那些先报名的老师的权益，现在无疑伤害了他们。肯定会有老师不满意，但起因却在不满意的老师自己迟到了。

　　续延会议，虚位以待？那会不会助长迟到老师一票在握的"理所当然"，而冷落了守时老师力排重难的"心甘情愿"。定时，是为了维护所有参会者的权益；准时，保障的是守规则者的权益；延时，是想保障尽可能多的人的权益；而再延，无疑伤害了前两者的权益。尊重、平等、规则……更多词语萦绕心际，权衡利弊，我决定调分会场老师进主会场。

　　分会场的老师们鱼贯而入，就像是给主会场在输血。

　　8点45分，主席台上的嘉宾依次入场……

　　会议进行中，电视台记者要采访我，我走出会场。在大门口，看到三位年轻的女老师正在和会务组人员理论："反正我们没有座位了，请问你们发的票有什么用？"

虽然这几天由于参会老师爆满，也由于会务组负责嘉宾接待的老师经验不足，我已经应接不暇、体能透支了，但我还是主动走了上去。我想，正如开幕式上南通市教育局郭毅浩局长所说，"为了一个人，我们来到了一座城"，很多参加会议的老师是"化粉""龙须"，我解释一下，可能会有效果。

"老师，非常感谢您来捧场！您是哪里的？"冷冷的声音回应道："××（江南某市）。""哦，老乡！对不起啊，是我让分会场的老师进主会场的。"哪知道三位年轻的女老师不买我的账。"反正你们的会务，我们不满意！""没见过发了票又不按票坐的！"

会务组殷莉莉老师要把我挡开，想接过话头，我示意不用。"老师，那我就和您说说我的反思——为什么我们的开幕式没有准时在 8:30 开始？因为老师们迟到了，包括您三位。已经拿到座位票的老师们为什么会迟到呢？因为开始是开幕式。这，您懂的。因为手上有了座位票，老师们就不需要像以往那样早早地去会场抢好座位，用书本占座位。但，今天开幕式上领导的讲话、王定华司长的报告都非常棒，非常入心，会场上一阵阵会心的笑声，一阵阵自发的掌声……您错过了，真可惜！那我们为什么要发票？就是为了保障先报名老师的权益，怕分会场老师抢了你们的座位。所以，发票的缘起，是没有问题的。关键的问题是你们迟到了。"

另一位女老师说："没见过发了票，又不算数的！"会务组王极峰老师接过话头："是啊，老师，我们再这样争论下去，您都听不到课了。我带您进去找座位，只是不能三个人坐在一起了。"

第三位女老师说："这会我们不参加了！"三位老师似乎接受我们的初衷，但也觉得是顶住了我们的软肋。

我示意王极峰老师不要说了，还是我来沟通。

"老师，您听过音乐会吗？"三位老师不明就里。"音乐会开场之前，对号入座；音乐会开场之后，就不对号了，哪里有空座就坐哪里，得听从工作人员安排。"

三位老师没想到我竟然拿出了有力的佐证。愣了几秒后，其中一位说："反正我们没见过。"

不知不怪。那位女老师似乎找到了撒手锏，笑了笑。

我微笑着说："快进去听课吧！"那位女老师不肯善罢甘休："您说有发票不算的时候，但我们没见过。"

"三季人的故事，您听说吗？"三位老师都不回应我，可能怕再中我的埋伏。

早晨，子贡在大院门口打扫院子。有人来到，问子贡："您是孔子吗？"

子贡答道："有什么事需要向我们老师请教？"

"我想请教关于时间的问题。"

"这个问题我知道，可以回答你。"

"那你说说一年有几季？"

"四季。"子贡笑答。

"不对，一年只有三季！"

"四季！！"

"三季！！"

"四季！！！"子贡理直气壮。

"三季！！！"来人毫不示弱。

然后就争论不止，一直争论到中午也没消停。

孔子听到声音，从院内出来，子贡上前讲明原委，让孔子评定。

孔子先是不答，观察一阵后说："一年的确只有三季。"

来人听此，大笑而去。

待来人走后，子贡忙问老师："这与您所教有别啊，且一年的确有四季啊！这一年到底应是几季？"孔子答："四季。"

子贡不解。孔子继而说道："这时和刚才不同，方才那人一身绿衣。他分明是田间的蚱蜢。蚱蜢者，春天生，秋天亡，一生只经历过春、夏、秋三季，哪里见过冬天？所以在他的思维里，根本就没有'冬季'这个概念。你跟这样的人哪怕争上三天三夜也不会有结果的。你若不顺着他说，他能这么爽快就走吗？你虽然上了个小当，但却学到了莫大一个乖。"

说完，子贡立刻明白了。

我讲完，大家都沉默了。我享受着沉默。

"反正我们没有那么高大上，我们没见过发票不算数的，我们就是三季人。"这似乎是女孩子惯用的技巧。

我想起成龙主演的电影《玻璃樽》中的那句话——"笑一笑，世界真奇妙"，已经很累的我强颜欢笑："老师，我相信您的确没见过，接受您的不清楚。但即使您是三季人，一年四季，也并不因您而改变。"

少顷，三位女老师的脸上有了些红晕，可能是看到了我的可怜，她们在会务组老师适时的"进去，进去，我帮您找空位"的声音里，半推半就地往会场里走……

"对号入座"的事故，变化成一段有趣的故事。这个故事告诉我们——

第一，凡事有一利，必有一弊。领导者作决策看到利的时候，一定要想想弊是什么。而且不要被一"弊"障目，发座位票的弊不只是会务组要多花些费用。

第二，要实施化错教育，首先要看到差错的出发点，想想学生的初心。如果只盯着结果，那是没法化错的。教学是一种交往，当老师的沟通落在了学生的出发点上，那效果一定是暖心的。

第三，一事当头，立足沟通，才能化解困境。如果当时我也坦承——开始没有想到会造成"集体迟到"，就可能会更快地解决问题。如果开始想到了可能会造成"集体迟到"，在每张座位票上盖章注明"迟到者，座位号无效"，那么一切就很圆满了。真是"人无远虑，必有近忧""凡事预则立"啊！

回顾"对号入座"事件中的对与错，我想，不论是课堂上，还是生活中的事件，既然已经发生，我们就应当追问："有收获吗？"有收获就好！

老师的口袋中有……

小时候，装扮老师给小伙伴们上课，口袋中要插两支笔，一支黑的，一支红的。如果只有一支笔，那不是老师，而是会计，是负责记工分的。

曾亲身经历的两件事，让我觉得老师的口袋中最好能有……

一

暑假前，我去兄弟学校执教观摩课《小数的意义》。

这节课，我别出心裁地给了"小数"一个好玩的说法："小数，就是数小单位以后得到的数。"标准单位是"一"，大单位是"十""百""千"等，小单位是"0.1""0.01""0.001"等。不断地数更小单位就会得到更加精确的小数，但做人可不能这样斤斤计较。而现在的孩子，心眼儿往往不够大，有的甚至会睚眦必报。因此，课尾我设计了送给学生的一句话——

"锱铢必较学小数，宽宏大度做巨人。"

可能有的老师不一定赞同数学课上讲这样的非数学的话，但我喜欢这么顺势而为。我以为，只要对学生有益就好，只要不是画蛇添足就好。我们不必也不能死守着学科边界。如果我们的眼中只有数学，那就是个教数学的；如果我们的眼中不但有数学，还有孩子，那才是个教孩子的数学老师。原来，有两支笔的才是老师，是个隐喻。

无巧不成书，我去兄弟学校执教的这节观摩课真是巧了。

上课伊始，位于教室中间偏后的两个男生就开启了争执模式，嘀咕不休。我目光批评，无效；我轻敲课桌，无效。真有些匪夷所思，有那么多老师在听课，竟然能全然不顾？究竟是什么问题，重要到不能课下解决？

课上到一半了，两人还在争执，其中一个男生满脸通红，眼看着眼泪都要出来了！

我想到于永正先生在《如果让我再教一年级，绝不会让小朋友上课尿裤子了》一文中说："如果时光老人再给我十几年的时间，让我重教一年级，上课时我会关注每一位学生，不再只是关注教案、教学。岂止是教一年级，教任何年级都要认真读每个学生的表情、动作，从中读出他们的内心，并做出正确的判断，采取相应的措施。"

于是，我果断地暂停下教学的步伐，组织同桌交流，像正常巡视一样，我走到他俩桌前。

两人的桌子中间有一摊唾沫。

我低声问："怎么回事？"

要哭的男生，眼泪就要出来了："他先吐唾沫的。"

另一个男生说："我是无意的。"

"不，你是有意的！"

"是我不小心打喷嚏打的。"

"不是，你就是故意的！"

周围同学的注意力被吸引过来了。

"哦，吐沫点大的小事，不值得斤斤计较。影响大家上课多不好！"我摸摸上衣口袋，再摸摸裤兜，掏出面巾纸，轻轻地擦掉了他们桌子中间的唾沫……

课堂总结时，我突然意识到"吐沫点"事件太难得了！于是——

师：想想不断数小单位的过程，让我想到一个成语，你们能猜到是哪个成语吗？

生：锱铢必较。

师：你们真是我的知音啊！（课件出示：锱铢必较）锱是一两的——

（生：四分之一。）铢表示一两的——（生：二十四分之一。）小数真精确，锱铢必较，像 0.659。（学生们会心地笑了。）但像小数那样做人就小气了，吐沫点大的小事不值得计较。我想刚才闹矛盾的两位同学，这节课的收获最大！送给同学们一句话——（课件出示：锱铢必较学小数，宽宏大度做巨人。）

全班同学懂事地点点头。

课后，我想，如果当时我的口袋中没有纸巾，怎么办？让学生自己擦掉再上课？是打喷嚏的学生擦，还是计较的学生擦？他们又拿什么来擦？由谁来擦值得计较吗？

从那之后，上课前，我都会在口袋中装几张纸。

二

暑假中，我回老家参加 2018 年度教育峰会。

执教展示课的小老乡基本功特棒！她的《可能性》一课设计得非常现代，让学生站立在课堂的正中央。她把刚刚结束的俄罗斯世界杯引入其中，饶有情趣。

同学们探讨得正热烈，突然，一个不和谐的声音响起："老师，我要上厕所！"小男孩倾着身子，举着小手。

真煞风景！

但小老乡很自然，微笑着说："去吧，去吧，没关系啊！"

刹那间，那用词、那语气、那神态、那氛围，成就了一道母爱的风景。

继续欣赏着小老乡的精妙课堂，讲可能性有大有小。忽然间，我想，那男孩会不会没有手纸？这，可能性很大。

我舍不得离开课堂，怕错过了精彩。犹豫了一会儿，我还是猫着身子，走出了会场。

厕所里，蹲着的小男孩把裤子脱到了小腿处，正埋头查看着……

我轻轻问道："肚子坏了？"

"嗯。"他抬头看我一眼，继续埋头看他的裤子。

"有纸吗？"

"没有——我找了一圈，都没找到。"

我掏出口袋中的纸巾给他，小男孩很礼貌地回了我一句："谢谢您！"

我回到会场继续听课。小老乡的课真是精彩！课尾的一题多用，就像一套组合拳，打得我五体投地。继而，我想：如果男孩举手请假时，她不动声色地走到男孩身边，从口袋中递出几张纸，那就……

当然，这是过分的要求，不该成为要求，但如果作为一条建议呢？也许因为它是"合情"的，所以也就"合理"了。

三

小孩子坏肚子，那是常有的事。

抽鼻涕的小孩，已不多见，但偶尔还会碰上。

哭鼻子的，可不单是女孩，男孩也会有泪轻弹……

其实，当老师莫名其妙地满头大汗时，他能掏出纸巾，擦去汗水，还是挺儒雅的。（上课出汗，那不是没功夫，而是在用功夫。）

当然，还可能……

一切皆有可能。

因此，我想，等我有了孙子，我还是希望由一位口袋中永远装有几张纸的老师来教我的孙子，因为——

我知道了"口袋中有什么"是个隐喻，言外之意是"老师的心里面有什么，比原来多了什么"……

未成曲调先有情

——我的公开课前的那些故事

"同学们，知道我姓什么吗？"

"华。"

"你是怎么知道的？"

学生手指 PPT 回答道："那屏幕上面写了。"

"你真聪明！会观察。课上，大家就可以叫我'华老师'。"

……

这样的场景，我想，大家可能很熟悉。可是，现在的我回想起来，真觉得不舒服。

——"同学们，知道我姓什么吗？"这句话的背后是什么意思？问话者俨然是个大人物，似乎有种"你能不知道吗"的意味。

——"那屏幕上面写了。"对于上课学生来说，课题、老师名字需要写在 PPT 首页上吗？一般来讲，数学课的课题藏起来，更利于学生保持探究的好奇心。

——"你真聪明！会观察。"白屏黑字分明写着，看到了就能算聪明？那这样的"聪明"评价也太廉价了吧！

——"课上，大家就可以叫我'华老师'。""老师"是个高贵的称呼，好老师是学生自己找的。一般人是不好意思自称"老师"的。

这样反思之后，我就重视琢磨起公开课前的开场白。

开场白重在建立讲者与受众之间的感情，赢得其认同感。如果不够新颖、奇趣、独具匠心，恐怕就很难一下子吸引学生和听课老师的注意力。

这里，我非常愿意和您分享我现在上公开课前的那些故事。

一、叫响每一个名字

主持人介绍完，我接过话筒——

面向听课老师，我说："各位新朋友、老朋友，大家上午好！第一次听我课的新朋友，请您挥挥手。"不是"举手"，而是"挥挥手"。这是我听龙应台的演讲学来的。让听课老师"举手"，好像有些把人家当学生看待的意思；而"挥手"则是朋友间的招呼之举。

会场上，常常是半数以上的老师挥手，有时候竟然达到百分之九十。

我转身面向刚刚讲完溢美之词的主持人："您说我多著名……"欲言又止。

会场上发出友好的笑声。

"哦——，听过我课的老师没来。"我自圆其说。

会场的笑声更大了。有老师几乎是在喊："我们看过您的视频！"

"那是二维的，今天看到三维的了。初来乍到，请多关照！"我深鞠一躬。

会场上响起热情的掌声。

继而，我面向上课的学生："同学们好！请打开练习本，翻开新的一页。在这一页的最上面写上自己的名字。写得大一些，方便我看清楚。写多大呢？一个字大约 1 平方厘米。（听课的老师们笑出声来。）我是数学老师嘛，顺便考察一下你的数感。（有学生说'指甲盖那么大'。）心中有数，好！（一边巡视，一边随机读出一些学生的名字。停顿。）这样，请把你名字中我可能读错的字加个拼音。（听课老师中有人笑了。）人生自古谁无'错'？（全场大笑。我继续一边巡视，一边随机读出一些学生的名字，特别表扬为冷僻字注音的学生。）丁——大——伟！他真好，把他姓名的三个字都给我注上了拼音。（全场笑翻。）请问丁大伟同学，你为什么把三个字都注上拼音？"

"因为您是数学老师。"学生一本正经地回答。

全场再次笑翻。

我微笑着大声说："掌声感谢丁大伟！他提醒我，以后要把'可能读错的字'说得重一些。"

后面上课的过程中，我常常能叫出学生的名字，这也成为一道课堂风景线。有徒弟问我："师父，您怎么能那么快记住学生名字的？"我回答："因为我用心了。"这方面的故事，您可以百度："华应龙，人民教育，称呼里的学问"。

二、用好自己的名字

2014年寒假前，我应邀到"太湖大学堂"讲学。"太湖大学堂"地处苏州市太湖边，是南怀瑾先生创办的，校长和老师大多来自台湾，学生来自全国各地。

讲课前，郭校长介绍我，除了第一句"欢迎来自北京第二实验小学的华校长"外，后面都用"龙校长"称呼我。她浑然不觉，主任、老师们似乎有些尴尬。

她讲完了，我看着她："郭校长，我知道您为什么叫我'龙校长'。"

郭校长的脸有些红了，语气中更多了些台湾人的谦恭："对不起，对不起！"

我微微一躬："没关系，我知道您为什么叫我'龙校长'。"我不肯罢休。

郭校长不明就里："为什么啊？"

我神秘兮兮地说："因为我是龙应台的弟弟。"

郭校长一脸惊讶，瞪大了眼睛："真的啊？！"

我煞有其事："真的啊！她在台湾，所以叫'龙应台'；而我在大陆，所以要叫'龙应华'。"

全场爆笑。

课下，老师们纷纷表示十分佩服我的解释和机智。其实，哪里是现场的机智，我早就有准备。"华应龙"和"龙应台"三个字中有两个字相同，我早就注意到这份奇妙了。

我更有事先准备好的用好自己名字的开场白——

去无锡讲课，主持人介绍完"来自北京的华应龙老师"，我接过话来说："大家知道我的老家是哪里吗？无锡！我是阿炳的弟弟。"把全场老师弄得一惊一乍的。"阿炳的本名'华彦钧'，我叫'华应龙'。"我的出奇制胜、谐音近乎让人感觉妙不可言。

2008年5月17日，南京，东南大学礼堂。汶川大地震后，"现代与经典"全国研讨活动举行。那段时间的我们，整天抱着电视，伤痛着，感动着。"心若在，梦就在。"有党、有国、有我、有你，一切都可以从头再来。因此，课前，我播放刘欢的《从头再来》。

轮到我登台讲课了，我先问学生们——

"请问同学们都是南京人吗？"

大多数学生点头，也有学生摇头。

"都是江苏人吗？"

更多的学生点头，还有少数学生摇头。

"都是中国人吗？"

全班同学微笑着点头。

"如果还有人摇头，你知道我会怎么问？"

有学生说："都是地球人吗？"

我摇摇头，在黑板上板书"华人"，然后问大家："都是华人吗？"

同学们频频点头。

我继续说道："华人，都是龙的传人。每个中国人都应该是一条龙，我的名字'华应龙'。"我就着前面板书的"华人"完成"华应龙"三个字的板书。

全场掌声雷动。

课后，老师们在互动平台中夸赞："华老师的开场白，给力，提气！"

三、想得对就好

"同学们，看到我站在这儿，你最好奇的是什么？"

"您喜欢吃什么？""您叫什么名字？""您多大了？""您从哪里来？""您

的腰杆怎么那么直？""您喜欢足球吗？""您有孩子了吗？""您有多高？""您今天给我们讲什么？"……

学生们七嘴八舌之后，我说："非常好的问题！时间关系，我不能全部回答，选择三个回答一下，好吗？"

学生们满意地回答："好！"

于是，我接着说："我叫什么名字？"板书"华佗"后，我问同学们："认识吗？"究竟是认识字，还是认识人呢？哈哈哈，都行。

不少学生回答："认识。""名医。"

我接过话头："是，三国时的名医。"再板书"华罗庚"，问同学们："认识吗？"

很多学生回答："认识，大数学家。"

"是的，世界上著名的大数学家。"我最后板书"华应龙"，问同学们："认识吗？"

学生们使劲摇头："不认识。"

我指着"华应龙"三个字，故意做出有些生气的样子："他就是我。"

全班同学大笑。

"我再回答'我多大了？'请问刚才问我的同学，你多大了？"

提问的学生回答："11岁。"

"我儿子27岁。请你猜一猜，我可能多大？"

有学生抢答："38岁！"有学生呼应："不可能，不可能11岁生孩子。"全场笑了。

我面向"不可能"的学生说："这你也懂？！"

我再转身面向答"38岁"的学生说："我好奇，你是怎么想的？"

那学生摇摇头，不好意思地笑了。

另一个学生举手："您54岁。"

"你是怎么想的？"

"我妈妈39岁，您儿子比我大15岁，您可能比我妈妈也大15岁，39加15等于54，我猜您是54岁。"

我面向全班同学问："你们想知道我究竟多大吗？"

全班同学响亮地回应："想！"

我干脆地回答："54岁！"（其实，当时我48岁。只要学生的想法是正确的，我的年龄可以"顺水推舟"。）

全班同学齐声惊讶："啊！真厉害！"

我两眼放光，为答"54岁"的学生竖大拇指，乘势鼓劲："掌声祝贺他！真会动脑筋，把不熟悉的华老师转换成熟悉的妈妈就好想了。"

全场大笑。

"我现在回答第三个问题'我从哪里来？'去过北京的，请举手！"大部分学生都会自豪而骄傲地举起手。没去过北京的学生，有的会微微低下头，有的会用羡慕的目光看着举手的同学。我接着说："没去过北京的也知道北京有个天安门！"原先低头的学生挺直了腰杆。"去过北京的，知道天安门向西一千米是哪儿吗？"没有一个人举手。嘿嘿，就是北京土著也不一定清楚。有的同学想了想，小声地说："王府井。"我摇摇头。又有同学说："清华大学。"我摇摇头后，夸奖道："方向对了！"

在大家期待的目光下，我说："中南海。中南海的新华门距离天安门就是一千米。"

学生们满意地点点头。我再问："知道中南海是什么地方吗？"一片"向日葵"在摇头，很是可爱。有学生说："是个海。"众人反驳："北京怎么可能有海？！"我看着答"是个海"的学生，竖起大拇指："没错，的确是个海。北海有个白塔，去玩了吗？北海的南边是中海，中海南边是南海。中海和南海合起来叫中南海。"大家都笑了！我继续说："中南海啊，是习大大办公的地方。"好几个学生"哦——"了一声。

"中南海再向西一千米，知道是哪儿吗？"学生们的头摇得像拨浪鼓。"那是我办公的地方！"全场爆笑。等大家平静下来，我接着说："特别巧，天安门向西两千米，北京第二实验小学。"有学生大胆地说："那中南海就是第一实验小学。"全场再笑……

"三个问题回答完了，满意吗？（有学生说'有意思！'）有意思？为什么有意思呢？你觉得我在回答三个问题时，有什么共同的地方吗？"

"都没有直接告诉我们，都是让我们自己想的。"

"厉害，厉害！是的，我都是把陌生的转化成了熟悉的。学数学常常是这样。"

结　语

怎样的"开场白"不会是"白开场"（淡而无味），更不会是"场白开"（不如没有），真值得研究。我的几个"开场白"的故事不见得就好，让您见笑了。

其实，课前与课中乃至课后都是我们老师需要用心面对的育人时空。生活即教学，教学即生活。我努力追求——"我就是数学"，老师就是他所教学科的形象大使，从走上讲台的那一刻起，我们的教学就开始了。也就是，我一开场，故事就"开讲啦！"

公开课前"开场白"的问题要尽可能从学生、听课老师的角度提出，场面要追求对话与生成、真实与自然，亮点最好是幽自己一默，这样就能为后面的教学打开场面，创设一个快乐求知的心理场。

我想，如果开场之后，上课学生和听课老师能有"千呼万唤始出来，犹抱琵琶半遮面。转轴拨弦三两声，未成曲调先有情"的感觉，那就更棒了！

"您的车灯忘关了"

晚上有应酬，我喝酒了，朋友安排了代驾。

到家，洗漱完毕，我躺在床上，看着成尚荣先生的《名师基质》……

一个陌生的电话打进来，接通，我不说话，他也不说话。

我用有些警惕的语气问道："喂，哪位？"

"您的车灯忘关了，怕到明早就没电了。"

好像是30多岁小伙子的声音。车是自动关灯的，我有些狐疑。我再想，难道是细心的代驾打来的。"是吗？您是代驾？"

"不是，我是邻居。经过您的车，发现您的车灯没关。"小伙子的声音很淡定，并没有在意我的疑惑。

我没有放松警惕："您怎么知道是我的车？又怎么知道我的电话？"

"您的前挡玻璃那有电话号码。"

是的，学校统一做的车证上有电话号码。不过，我把电话号码卡在了玻璃边缘，不用力是看不清的。我相信了。

"哦！感谢感谢！我马上去关。"

我拿上车钥匙，去车库。边走，边感激：我明早就要用车，北师大有课。如果明早我去开车时才发现，又打不着车，真就坏了，那一定会耽误讲课……

远远地，看见我的车灯真亮着！

原来是代驾把车灯拨在了非自动状态。

关了灯，我往回走，边走，边给陌生的邻居发短信："多谢您，好邻居！我去关灯了。晚安好梦！"然后，我存下他打进的电话号码，取名为"贾花关车灯"。（"贾花"是我们小区的简称。）

立马，我收到了他的回复："别客气哈，晚安！"

啊，今夜多美好……

感谢代驾的差错，感谢他给了我感动的机会，感动北京的好人！

见贤思齐焉。"您的车灯忘关了……"我会打这样的电话吗？

正能量，应弘扬。我立即把"您的车灯忘关了"发到朋友圈，引来纷纷点赞……

哈哈哈，感谢朋友们点赞！好人多，多好人，多好！

"勿以善小而不为"，关心他人，开心自己；感谢他人，感动社会……

3 钱守旺卷

孩子是天生的"艺术家"

收到北京第二实验小学朝阳学校通过电子邮件发来的数学绘本电子稿，我顿时眼前一亮，不由得想起了世界著名画家毕加索曾说过的一句话：孩子们是天生的艺术家！孩子们的表现真是太棒了！

30个数学绘本故事题材丰富，画面简洁，色彩鲜艳，形象可爱，情节生动，文字简洁，富有童趣。每个绘本故事虽然长短不一，但都做到了"故事中有数学，数学中有故事"，让抽象的数学生动起来。孩子们认知世界的角度不同，有的从视觉角度，有的从听觉角度，有的从美学角度，有的从抽象的角度，有的从动态的角度。数学绘本的形式正好顺应了孩子们"好玩、好动、好探究、好分享"的特点。

这本书是学生的一次长作业的成果汇编，通过这种有趣的作业形式，孩子们能够真切感受到生活中处处有数学。在创作的过程中还能够培养他们的观察能力、表达能力、思维能力和合作能力。数学绘本故事还体现了数学、语文、美术三个学科的整合。这本小册子还是团队合作的成果，在完成长作业的过程中，同学们之间既有分工又有合作，既有争辩又有妥协，他们有的负责编辑，有的负责绘画，有的负责填色，有的负责装帧，有的负责文字。正像一位同学在感言中所说，"我第一次感受到了合作的力量比一个人的力量大很多"。这样的长作业给孩子们留下的不仅是知识，还有对数学的情感，对学好数学的信心和兴趣。

当前，《中国学生发展核心素养》总体框架已经正式发布，核心素养是学科壁垒的熔化剂，我们的教学一定要超越学科边界，打破学科间泾渭分明的界限，不满足于仅仅通过一本教材就把数学单线条地推送给学生，我们还应该让数学学习变得更有意思。这本孩子们创造的数学绘本故事就让数学有了温度，因为他们在绘画时融入了自己的思考与情感。

绘画与文字是人们交流的工具，童心绘数学，画出了数学的多彩；童言话数学，品出了数学的味道。希望这本小册子能够唤起更多孩子用画笔表达数学的冲动，期待着孩子们能够创造出第二本、第三本数学绘本。

教师要敢于发出自己的声音

记得中国教育学会会长顾明远教授在一次报告中指出：教师要具有一定的教育理论知识，懂得教育教学工作的规律；了解儿童，了解儿童成长的规律。不断总结自己的教育教学经验，逐步上升到教育理念，能够提出自己的教育主张，培养自己的教育风格。

郭华教授专门对名师成长的内外部条件进行了研究，认为以下几个方面是比较重要的，也是比较突出的。一是有高而广阔的实践与展示平台。包括：优秀教师的传、帮、带；大量的公开课展示；高水平的交流对象。二是有个性化的教学实践与表达。包括：富有创造性的教学实践；在潮流面前保持清醒；形成自己的教育话语。郭华教授这样写道：名师之所以成为名师，是由于他们对教学的深刻理解、准确把握以及基于此的创造性的实践，同时也是由于他们在实践基础上形成了自己的教育话语。这样的教育话语，不及那些专事理论研究的学者的宏大，也不及他们的系统，却生动、鲜活地道出了其基于实践的对教学的理解。他们能用朴素的语言刻画出丰富的教学内容，凝练与提升他们自己的教学实践经验。

我1985年参加工作，到2016年已经整整31个年头了。31年来，我始终战斗在小学数学教学第一线，我对自己多年的一线教学经验进一步梳理、总结、提炼，明确提出了学科宣言：找寻儿童数学，打造动感课堂。提出动感课堂理念主要基于以下三点：一是基于对儿童天性的认识。儿童好奇、好动、好玩、好探究、好分享。二是基于对教育教学理论的学习。动感课堂的理论依据是建构主义学习理论和人本主义学习理论。建构主义学习理论强调学习并非学生对于教师所授予知识的被动接受，而是以其自身已有的知识和经验为基础的主动建构过程。人本主义学习理论强调人在学习中的自主地位，强调学习中的情感因素，并试图将情感和认知因素在学习中结合起来。三是基于对当前课堂教学现状的改变。力图通过行动改变当前课堂教学气氛沉闷、教师放不开、学生被动接受的现状。

"对话—分享"是我提出的教学策略，"动感课堂"是我的教学追求。对话是师生基于相互尊重、信任和平等的立场，通过言谈和倾听而进行的一种双向沟通、共同学习的方式。对话的本质在于在自我中发现他人和在他人中发现自我。我所说的"对话"包括：与媒介对话、与同伴对话、与教师对话。我所说的"分享"包括：分享个人理解、分享经验教训、分享情感体验。"动感"也可以拆开来理解。"动"是一种外在的学习状态，主要指"五动"：手动、口动、脑动、心动、情动。所谓"手动、口动"就是学生行为上要参与，所谓"脑动"就是学生思维上要参与，所谓"心动、情动"就是学生情感上要参与。"感"是一种内在的学习状态，主要指：开悟启智、明理求真、思考感悟、以情促知、以知怡情。

课堂，应该是人人在场的地方，人人在场，生命便鲜活而灵动。为了让学生真正动起来，我根据自己多年的教学经验，概括出教师行动十字方针：沉默、示弱、等待、放手、激励。沉默就是"给空间"，示弱就是"给胆量"，等待就是"给时间"，放手就是"给机会"，激励就是"给动力"。学生行动十字方针：对话、分享、反思、内化、应用。

为了让动感课堂更容易操作，我提出了动感课堂的基本框架结构："一体两翼，四环五步"。（如下页图）

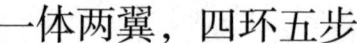

一体两翼，四环五步

情境＋学材

问题串

动感课堂基本框架

基本教学流程

| 创设情境，提出问题 |
| 操作思考，交流发表 |
| 对话分享，点拨指导 |
| 分层训练，达成目标 |

手动、口动、脑动、心动、情动

行为参与　思维参与　情感参与

评　做　?　思　辨　说　思维圈

"一体"就是我倡导的"五动"理念，"动感课堂"倡导教师少说话，学生多活动。"两翼"包括的核心内容是"情境＋学材""问题串"。有了"情境"，学生学起来才会感兴趣，才会有参与感；有了"学材"，学生才能操作、思考，学习才有"抓手"；有了"问题串"，学生才能开动脑筋，积极思考，课堂才会有"温度"。

"四环"主要指一节课的基本流程，主要包括：创设情境，提出问题；操作思考，交流发表；对话分享，点拨指导；分层训练，达成目标。这里只是提示几个"核心词"，主要目的是让教师们看到现在的课堂一定是"以学生活动为主"的课堂，教师一定要站在"学"的角度设计教学。

"五步"主要是针对前面的"问题串"提出的。这里的"做、思、说、辨、评"主要是描述学生解决问题的思维过程，我把它形象地叫作一个"思维圈"。学生在教学中按照这样的路径去学习，就可以真正学会"从头到尾"思考问题。通过这个思维圈我们可以看到，学习一定是要经历过程的，学生经历这样的过程后，他们就学会了如何思考，就学会了一种思维方式。

随着对动感课堂研究越来越深入，我把自己的理念进一步形象化，通过下面这棵"智慧树"来表达我的一种追求。

　　如果把动感课堂比喻成一棵大的"智慧树",那么这棵大树的根部就是我所倡导的"五动理念",教师在设计课堂教学时,应该让"五动理念"融入课堂的血脉之中。树干部分就是上面谈到的"两翼",智慧树上的大苹果就是每节课的"显性目标",而绿叶则是"隐性目标",也就是我们通常说的"三维目标"。如果一节课上完后,我们能够看到这样一棵"枝繁叶茂"的大树,那么我们的教学就是成功的,我们的课堂就是高效的,学生就有了"获得感"。

　　我提出的"动感课堂"不是一种教学模式,而是一种教学追求,一种教学理念,或者说是一种课堂形态。我更愿意把我倡导的"动感课堂"比喻成一个"导航仪",希望用理念引领行动,真正让我们的数学课堂形态发生变化。

　　实践证明,"动感课堂"作为一种教学理念,一种教学形态,能够让教室具有生命气息和成长性,动感课堂能够让学生真正"卷入"学习过程!

我对核心素养的个性解读

研制中国学生发展核心素养，根本出发点是全面贯彻党的教育方针，践行社会主义核心价值观，落实立德树人根本任务，突出强调社会责任感、创新精神和实践能力，促进学生全面发展，使之成为中国特色社会主义的合格建设者和可靠接班人。

从国内外的研究结果来看，沟通交流能力是所有国际组织、各国及地区都重视的核心素养。团队合作、信息技术素养、语言能力、自主发展、数学素养、问题解决与实践探索能力（如计划、组织与实施能力、创新与创造力、主动探索能力）等方面也是多数国家都强调的核心素养。

核心素养其实不是什么新鲜概念，只是素质教育再出发的起点，是深化教育改革的一个重要节点。美国著名教育家、哈佛大学教育改革负责人托尼·瓦格纳写了一本书《教育大未来》，他在大量调研后提出，未来世界需要的创新型人才必须具备七个关键力：批判性思考与解决问题的能力，跨界合作与以身作则的领导力，灵活性与适应力，主动进取与开创精神，有效的口头与书面沟通能力，评估与分析信息的能力，好奇心与想象力。面向未来的教育必须将这七项能力的培养贯穿始终。其实这七项能力，就是我们所说的核心素养。

提出核心素养的目的是把国家的教育方针具体化，勾画出学生在不同阶段的具体形象，为老师们今后的教育教学工作提供方向和路径。但从众多专家的文章来看，核心素养似乎越说越神，越说越玄，越说越多，越说越觉得教学中很难落地。本意是把教学目标具体化，可到头来还不如原来的"四基""四能""十个核心概念"让老师们觉得有抓手。

对于一线老师，我们可以把核心素养的培养说得再具体一些，更具操作性一些。回想自己30年的教学经历，结合自己近一年来关于核心素养文献的学习和研究，我认为核心素养指向人本身，关注的是培养什么样的人的问题。核心素养是跨学科素养，任何核心素养的培养都不是一门单独的学科可以完成的。培养学生的核心素养，需要"整体发力"，特别突出课程"整体育人"的基本理念，即统筹各学段、各学科、各育人环节、各方参与人员和育人环境，以实现全科育人、全程育人、全员育人和实践育人。说得通俗一点就是培养学生的八大核心竞争力：

德性品格——有正气
理想信念——有志气
胆识魄力——有勇气
人格节操——有骨气
知识积累——有底气
思维品质——有灵气
学习能力——有才气
气质情怀——有人气

如果一个人具备了这八大核心竞争力，他一定能够成为一个具有幸福感的高素质人才。

通过下面的表格，我将"八大核心竞争力"与国内外提出的核心素养进行了比对，发现基本上能够涵盖这些基本要素：

八大核心竞争力	国内外提出的核心素养精选
有正气	富有同情心，有原则性，诚信友善，合作担当，崇尚真知，强烈的公民责任感，珍爱生命

八大核心竞争力	国内外提出的核心素养精选
有志气	国家意识，政治认同，心胸开阔，文化自信，自主管理能力
有勇气	敢于冒险，勇于探究，能自律自主地行动
有骨气	不怕失败，坚毅自信，勇于承担责任，敢于承担风险，敢于面对逆境、压力和竞争
有底气	信息素养，媒体素养，信息技术素养，运用语言、文字符号的能力
有灵气	学会如何学习，思维能力，问题解决能力，创造力与创新能力，使用技术手段的能力，批判质疑
有才气	学会做事，乐学善思，勤于反思，改进学习的能力，对自己活动陈述解释的能力，交流能力，创意表达，感悟鉴赏
有人气	学会共处，情感能力，沟通交流能力，参与与合作能力，人文情怀，能在异质社群中进行互动

　　核心素养在过程中积淀、获得，对学生一生有用，在成人世界中能够找得到。从上表可知，核心素养体系并不是要抛弃三维目标，而是考虑如何在核心素养体系下重新建构三维目标。

　　八大核心竞争力和教育部提出的核心素养中的 18 个要点也可以沟通，如下图：

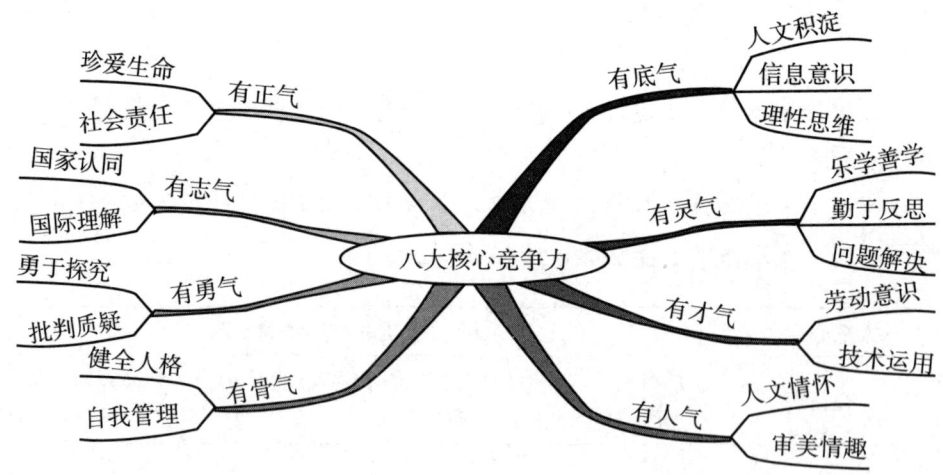

教育者必须明白：学知识、考知识，不是学校工作的全部；教会学生敬畏生命，懂得感恩，合理安排时间，学会自理，学会思考，学会与人合作，有自己的业余爱好，这些也是学校教育的任务。

最伟大的教育，不只传授知识，更会激发创造。最伟大的老师，不单教会学生如何学习，更能教会学生如何对待人生。老师最重要的工作，是帮助学生挖掘、找到他们自身的天赋，看出每个学生的独一无二，不是用填鸭式教育，教出一模一样的"模范生"，教育不是装满一壶水，而是点亮每个孩子心中的蜡烛，让他发光、发亮。

4 张齐华卷

学校为谁而"美丽"

张文质先生在他的作品《唇舌的授权》中这样诗意地为我们描绘他心中理想的学校:"远远的,学校是一个美丽的风景;远远的,学校是一个希望。"学校应该属于孩子们,那是他们经验得以分享、精神获得寄托、情感得以倾诉、力量得以释放、生命得以凸显的地方。可如今,又有多少学校能让我们远远地嗅着孩子的气息,远远地感受到,这是一个儿童生活的乐园,这是一个释放童年生命张力的天地?

从不同角度打量,学校表达的意义是不一样的:从社会角度看,学校是一个政府办学机构,是一个事业单位;从教师角度看,学校是他们赖以谋生的场所,是他们付出体力与智力,并谋求正当回报的地方;而从学生的角度看,学校则是他们借此获取进一步成长所必需的知识、能力、情感、态度与价值观的地方,是他们投入了整个童年并生活于其间的精神家园。

然而,毫不夸张地说,几乎每一所学校都为我们展现着这样一种现实的场景:校门口,记载着学校获得的种种荣誉;宣传栏,传递着教师们每天的工作业绩;导护栏,记录着教师对学生方方面面考核后的结果鉴定;走廊边,留下的是学校对学生的"殷殷期望";花坛边,迎面而来的,也不过是"请爱护花草树木"等面向孩子的谆谆告诫……可曾想过,校园中,哪儿能听到孩子们自己的话语?哪儿能真正望见孩子们自由的身影?哪儿能感受到这是一片属于孩子们自己的天空?哪儿能让我们真切感受到这是片"美丽的风景"，是一个"远远的希望"？

学校，究竟为谁而存在？学校，究竟因谁而美丽？

我曾和同事们探讨，为什么孩子们喜欢去"苏州乐园"？大家笑答：因为在那儿，他们能找到一种"家"的感觉。映入眼帘的，哪儿不是孩子自己的风景？四处弥散的，哪处不是孩子留下的特有的气息？这就是儿童自己的"家"，一个属于他们自己的真正的精神家园。

于是，我一遍遍地在内心深处想象并规划着理想的学校：走进校门，映入眼帘的首先是学生寄语、红领巾留言板；橱窗栏上，清晰地写着"今日活动"字样，告诉孩子们今天即将举行的所有活动——新一轮学生会成员即将改选、学生会将围绕用餐浪费问题展开专题研讨、学生代表与校长的见面会于下午四点举行等；教室前，每一面墙壁都像一个个友好的同伴，在时刻提醒着你，哪些是应该做的，哪些是不该做的；校园里，还活跃着一支干练的红领巾值勤队伍，他们有条不紊地管理好自己和身边的小伙伴……那是一个怎样充满着孩子气息、让人一下子就能与充满童真童趣的孩子联系在一起的校园啊。

退到幕后，把"前台"让给孩子，做一个学校发展的策划者、组织者、管理者，因为学校姓"学"，不姓"教"。

"远远的，学校是一个美丽的风景；远远的，学校是一个希望。"在这片满怀希望的风景里，可以没有我，也可以没有你，但唯独不能没了孩子，没了他们生长、生活的童年气息。因为这是一片属于孩子们自己的天空！

别人没走过的路，便是捷径

在专业发展的道路上，尽管"条条道路通罗马"，但对我而言，我更愿意走属于自己的那一条——哪怕这样的路从没人走过，或者走过的人极少。因为对我而言，别人没走过的路，便是捷径。

教数学，却从踏上讲台的第一个年头便和语文结下了不解之缘。师从著名数学特级教师张兴华，对文科的喜爱受其影响颇深。后又恰与"小语界"俗称"诗意王子"的周益民老师有缘同处一室，从此，在他每天狂轰滥炸式的"灌输"和启蒙下，"小语"甚至"中语界"的一个个名流，开始由最初的陌生变得渐渐熟悉起来。直到今天，我对他每天直直盯着自己眼睛问出的如下问题仍记忆深刻："小语界的×××你不会不知道吧？"而通常情况下，他所能得到的回答一定是："对不起，真不知道。"不过还好，想必他从来就没指望我能知道这些，因而在略感失望后，他总会不厌其烦地对我开始又一轮的启蒙。

于是，作为数学教师的我，从走上讲台的第一年起，甚至在对像郑毓信、张奠宙、邱学华等数学教育名流的名字还不甚熟悉的情况下，于漪、李吉林、魏书生、钱梦龙、于永正、窦桂梅、王崧舟等一大批小语、中语界的人，渐渐走入了我的视野。同时，我也渐渐开始主动地通过网络、期刊等关注起这些人来，偶尔也会去看看他们的光盘，读读他们的教学实录，甚至有时还会试着去了解他们的教学主张、教育思想等。以至于后来，觉得还不够满足，于是，在益民的进一步引导下，我又尝试着接触一些语文教育理论方面的学者与书籍。如今，十年过去，要想理性判断这批语文界的名人及他们的思想对于一个涉足小学数学教学领域不算太长的教师产生了怎样的影响，恐非易事。但反思这么多年来，自己的数学课堂在不经意间所透射出的独特的思维方式、人文气质和思想火光，想来与此还真的不无干系。于是，不得不重新掂量师父张兴华老师一直在我耳畔的教诲：一个好的老师必定是文理相通的。理科教师一旦缺少了文（文科）的滋养和艺（艺术）的陶冶，其所能达到的高度必定有限。现在想来，诚哉如斯！

当然，事物总是普遍联系的。对文科的关注无形之中又影响了我随后多年的阅读兴趣和选择。师父最初开出的数学教育学、心理学方面的书籍无疑是专业阅读中的必修课，但除此以外，在大量的选修阅读中，理科领域的书籍尽管也有，但所占份额已极为有限。师父为此还专门找我谈过，并郑重指出我在学科理论的准确性和深刻性方面的欠缺，进而提出，唯有对本学科的基本理论有一个通透的把握，对未来的实践与研究才会真正驾轻就熟。言之凿凿，也尽在理！但兴趣所指，非意志所能左右。偏偏，在数学之外，哲学、美学、历史、经济、政治、文学等领域的杂书，渐渐成为我床头书桌上的常备之物。于是，钱理群、李泽厚、周国平、傅国涌、朱学勤、林达、肖雪慧、丁东……一大批历史人文学者的思想和观念逐渐占据我的心，并且一直持续到现在。

坦率地讲，最初连我自己对这样的阅读兴趣与价值取向都心存疑虑：理科教学与价值判断基本无关，阅读这些书籍能对自身的专业成长形成积极良性的影响吗？但这一顾虑很快便消融了。尤其是，当狭窄的学科教学一旦被重新置于"人的教育"这一更开阔、更宏大的背景上，当我对学科教学的理解因为有了思想的滋润反而变得更加通透和有力时，我才渐渐明白，教育从来就不是学科教学的简单相加，一个能够对外部世界和内在人性准确把握和洞悉的个体，在某种意义上比一个具备优秀教学技艺的人，对教育有着更为重要的意义。而不务正业般的博杂阅读给自己带来的，恰恰正是这样的精神滋养。当然，最后选择以"数学文化"为自身实践层面的主张与研究方向，与上述阅历及阅读无疑有着千丝万缕的关联。事实上，理念一旦形成，必然会规定着实践前行的方向。于是，数学课堂上，知识、技能与方法不再成为数学教学的全部——如何让学生领略数学学科形式化体系背后的丰富内涵，如何让学生触摸数学冰冷符号背后的火热思考，如何还原数学学科干净而冷峻的美，如何和学生们一起在抽象、概括、分析、综合等数学思维形式中游弋……所有这一切，自然就成为数学课堂中更加高远的追求，而数学的文化意义与价值，恰在其中获得生长并得以突显。尽管未来的数学文化探索之路还很长，但既然作了选择，就应该义无反顾地走去。毕竟这是一条独特的路——因为走的人不多，所以坚持行走才显得更有意义。

于是，更加坚信这样的判断：路需要每个人自己去走；当不具备足够的实力和资质时，试着选择别人不曾走过的路，有时也不失为一种捷径。对我而言，这就是一种成长的路径。

寻找另一种可能

细心的读者一定已经发现，两份不同的教学实录中隐藏着一个并不难察觉的漏洞：

2007 年的课中，我有一个儿子；而到了 2011 年的课中，我却有了一个"女儿"。

究竟是怎么回事？且听我把故事慢慢讲来。

最初决定上这节课，便打算由儿子所在班级的座位图引入。

是的，儿子是真，"女儿"是假。

想来，听课学生对"执教老师的儿子是谁"这一类话题，还是有一定兴趣的。

事实也证明了这一点。寻找张老师儿子的过程，的确为课堂平添了几分趣味。当然，真正重要的，还不在于情境本身。面对"用数对确定位置"这一学生在三五分钟内便可轻松掌握的数学规则，我深知"习得结论"与"经历过程"之间的差异，并最终选择了"让学生知其然，更知其所以然"的基本思路。教学，沿着如何引导学生自主建构"用数对确定位置的规则"而展开。

从课堂的微观展现来看，学生的确也具备了这种建构的可能。从最初的"第几排第几个"，到随后的"4 排 3 个""43""4.3""竖 4 横 3""↑ 4 → 3""3-4""4，3"……简单变化的背后，是学生所经历的复杂的思维过程，有观察和比较、分析与综合，亦有抽象和概括。尽管学生最后给出的诸多"建构"还略显稚嫩，与严格的数学表述相去甚远。但这种独立建构所留给学生的思维空间，却是我们更愿意看到的东西。所谓过程有时比结果还要重要，大意如此。

当然，美好的愿望有时总有那么一点点一厢情愿。那一次，我也未能幸免。几次成功的实践后，我迎来了一个学习基础并不扎实的班级。于是，相对薄弱的知识与方法积累，加上对"自我建构"这一学习方式的不适应，课堂展现出一种不合时宜的尴尬——5分钟的独立探索后，竟然无一小组给出自己的结论。他们无助的眼神和无处着笔的神态告诉我，这不是一个他们所习惯于完成的任务，更不是一个他们可以胜任的挑战。

美好的意愿，在现实面前，一下子冷却。我深知，"自我建构"也许并不像我们想的那么简单。

于是，究竟是否应该引导学生在这一领域中"创造属于他们自己的知识"，便由最初的信誓旦旦，转而成为一个需要思辨、实证的猜想。

当然，偶尔的失败还不足以说明什么。随后，每逢学习基础相对薄弱的班级，那一次又一次相似的遭遇，开始引发我更深层次的思考："再创造"是唯一可以选择的路径吗？还能有别的可能吗？课堂实践，陷入暂时的困顿。

无独有偶，2010年，同为张兴华老师的弟子，北京第二实验小学的施银燕老师也执教了这一课。坦率地说，在教学的技艺水平上，她的课堂并不突出，甚至还显得有些粗糙。然而，在她的课堂上，学生所展现出的那份从容和自信，以及游刃有余的思维状态，却是我课堂上所许久未能找到的。

同样的《用数对确定位置》，她的课堂由"打地鼠"这一小游戏展开。请允许我转述其中的一个经典片段，以窥其大意。

师：会玩打地鼠游戏吗？（生：会。）一个人玩，谁都会。要是双打，你们行吗？

生：行！（屏幕出示：A看，B打。）

教师请上两位同学，并明确规则：一位观察大屏幕，记住地鼠的位置，随后教师隐去地鼠；另一位不能看，只能根据第一位同学的语言描述，找到地鼠的位置。

屏幕出示第一只地鼠，隐去后——

生：它在第2竖排，从下往上数第3个洞里。

生：我知道！它在那里（用手指出相应的位置）。

师：厉害！他们俩之所以成功完成任务，主要靠谁？

生：主要靠第二位同学，他找得很准。

生：我觉得第一位同学也很重要，如果他没有描述清楚的话，第二位同学也很难找到。

师：看来，他们的成功主要来自准确描述和通力合作。不过，下一关将更难。想不想挑战一下？

生：想！

师：还是双打。不同的是，这一次，第一位同学描述地鼠的位置时，只能用两个数，比如只能说3、4，或者2、6。这回，你们还行吗？

生：行！

师：需不需要搭档的两位同学先商量商量？

生：需要。

师：那行！同桌俩协商一下，如果待会儿让你们俩来合作完成，你们需要提前商量些什么。

同桌商量，随后请出一组参加游戏。地鼠出现后，隐去。随后——

生：4、2。

生：地鼠在这儿。

师：奇怪，他只说了4、2，你是怎么准确找出地鼠的位置的？

生：因为我们之前商量好了，第一个数是指第几组，而且是从左往右数的；第二个数是指第几个，而且是从上往下数的。

师：原来，你们之前有过明确的约定啊。那么，有没有哪些小组，你们约定的规则和他们不一样？

生：……

坦率地讲，当施老师直接提出"这一次，第一位同学描述地鼠的位置时，只能用两个数，比如只能说 3 、4 ，或者 2 、6 ”时，我还心生疑惑——这不是直接告诉学生答案吗？课改到了今天，数学知识怎么还能以这样的方式呈现？静态数学知识背后所蕴含的丰富的数学思考、数学方法，岂能如此一告了之？然而，随着课堂的悄然推进，尤其是当同桌两位学生为了能够满足老师提出的苛刻要求而开始窃窃私语时，当他们渐渐从数学交流中意识到"只有两人之间确立好统一、明确的规则，明晰两个数的特定含义及顺序，有效交流才成为可能"时，当他们在全班反馈时又进而发现，不同的小组有可能会选择不一样的规则，而为了便于交流，需要建构一种让大家都能认同、接受的统一规则时，"先列数后行数，确定列数要从左往右，确定行数要从前往后"的规则建立便已是水到渠成。至此，我才意识到，原来，"创造"并不一定是好课的唯一标签，"告诉"也可以创造出美妙的课堂。

于是，我决定借鉴这一思路，对课堂进行重构。

全盘照搬，无疑价值不大。因为简单的拼接，无法创造新的可能。所以，再三斟酌后，我选择了嫁接——沿用自己原有的基本素材，转换思路和结构，变"创造"为"告诉"。课堂，仍然从张老师孩子（为何不是儿子，而是孩子？个中原因，读者可以思索）班级的座位图展开。猜测无果，学生渴望了解真相。然而，当我按照数学上最标准的方式给出答案后，却在学生中引发了争议：同样是（4，3），为何不同的小组，寻找到不同的答案？有疑惑，才会有深入的思考。很快，矛盾冲突便转化为学生细致思辨的动力源泉，解惑之门也在随后的深层对话中不断清晰起来：

（4，3）固然是一种准确的数学表达，但由于学生缺乏对其中 4 和 3 所表示含义的具体认知（具体说，即：哪个才是列？哪个又是行？确定列和行，又该分别按怎样的顺序展开？），所以结论上出现分歧也就不足为奇了。尽管课行至此，规则似乎还没有确立，但读者想来已经明了：用数对确定位置的两大核心要素——方向和顺序，已尽在学生把握之中。下面需要确定的，只是一个小小的规定而已。所谓意义已然深刻理解，剩下的只是形式表达了。当然，借鉴的同时，也有自己的新突破。这些突破，尤其表现在新课的练习设计上——更开放的问题空间，更自由的思维和表达。其间，有横向上学生对数学知识的类比和迁移，有纵向上学生对"数对"来龙去脉的追问与思辨。更重要的是，所有这些问题，都源自学生深入思考后的主动质疑，这在第一版的练习设计中，是绝无仅有的。

然而，还是遇到了新问题。尤其是，当学生发现同样的（4，3），可以找出四个不同的孩子时，面对老师的问题——"如果真觉得是我没有说清楚，那你们说说，是我哪儿没有说清楚？"，他们的表达总是不够清晰准确。几次不解其意后，再三思索，便渐渐发现其中的奥妙所在。原来，问题不在于学生，而在于照片本身，以及我儿子所在的位置。

让我们重新回到照片——由于儿子所处的位置是（4，3），其中4的含义很好理解，方向也很好表述，但3的含义却不那么好表述了。因为5人一列中，如果从前往后数是第3个，从后往前数也是第3个，左右亦然。所以，学生在梳理其中每个数的含义时，对方向的感受总显得有些含混不清。原来，是"3"在作祟。

然而，照片已然成型，要重新PS并非易事，重拍更是难以实现。我决定走一下捷径，照片沿用，把儿子"换掉"。于是，便有了2011年课例中的"女儿"一说。相信细心的读者不难发现，从（4，3）改为（4，2），细微的变化背后，换来的是学生对于用数对确定位置过程中"方向"和"顺序"的更为清晰的认知和表达。唯一遗憾的是，尽管是善意的，但毕竟是"谎言"，不能两全其美了。

现在想来，关于《用数对确定位置》的"一个人的同课异构"，并非源于自身对专业的纯粹自觉与自我超越。对原先课堂所存在问题的诚实面对和思索，加上他人对我的重要影响，以及自己随后作出的积极应对，更符合上述故事自身的发展逻辑。毫无疑问，这与我之前所进行的关于《圆的认识》的两次探索，略显不同。

从2002年《走进圆的世界》一课的繁华绚烂，到2007年《圆的认识》一课的返朴归真，从前一版本对于数学文化的"标签式演绎"，到后一版本"由外而内"的"华丽转身"，同伴与导师的质疑无疑是最初的动力，而与此同时，自我对数学、对数学教学、对数学文化的新思考、新探索、新领悟，也在其中扮演了极为重要的角色。基于问题的自觉内醒与主动建构，似乎更符合这一课例"同课异构"的基本逻辑线索。

当然，更为重要的还不在于此。在我看来，如果说 2007 年版《圆的认识》在课堂认知、文化表达、思想领悟等层面，都是对 2002 年版《走进圆的世界》的一次全面超越的话，那么，新版的《用数对确定位置》，与其说是对老版的超越，毋宁说，它更像是在寻找另一种可能，一种新的可能。事实上，"引导学生创造属于自己的知识"也好，"让学生在告诉中获得对方法的深刻领悟"也罢，本身并无好坏之分。对于不同能力水准的班级，对于具有不同认知风格和习惯的学生，它们只是各自有着相对更适切的运用对象而已。或许，在一个班上，第一种方法更能展现孩子们"独立建构""自主创造"的天分，而在另一个班上，第二种思路更符合他们的认知逻辑，也更有利于他们对"用数对确定位置"的内在规则有一个更深刻、更精准的理解和把握。没有好坏，唯有适合与否。

事实也的确如此。每一个教学内容背后，都隐含着截然不同的教学路径与可能。我们不必过度关注不同路径之间的优与劣。因为我们相信，每一种可能，都有其存在的价值与适切性。我们需要的是，展现更多的可能，然后从中选择一个更适合的，与我们身边的"这一群"孩子分享。

于是，"一个人的同课异构"，便成为了我们每一个人不断寻找新的可能的一种方式罢了。

从每一段文字中找寻力量

上完课，回到办公室，几乎是习惯性地打开网络，找到收藏夹，点击"爱思想"网站，于是，视线便漫无目的地在袁伟时、秦晖、刘瑜、萧瀚、钱理群等人之间游弋。之所以漫无目的，是因为每一天的厮守，我已有足够的理由相信，点开它们中的任意一个链接，都会有充满力量的文字以及文字背后的思想值得我细细驻足品味。

昨日读刘瑜，她的文章清新自然，虽有深奥的思想，却又常借助浅显的文字展示出来，读来并不生涩。今日随意一点，读《观念的水位》一文。印象中，疑似在"一五一十部落"网站看过此文。再读，仍旧感触良多。引一段如下：

我心中理想的社会变革应是一个"水涨船高"的过程……水涨了，船自浮起来。所以我观察社会变革的动力，不那么关注船上有没有技艺高超的船夫，而更关注水位的变化。近些年我的观察心得是：变革观念的"水位"在升高。观念水位变化的一个重要标志就是：以前在人们眼中不是问题的问题，开始变成问题了。比如政府部门财政预算公开——政府财政预算向来含糊不清，人们长期对此气定神闲，但最近几年媒体上常常出现讨论和批评；印象中城管在 20 年前追打小贩比现在凶狠，现在却屡遭热议。这几年民工孩子在城市上学其实比过去容易，但是现在要拆并一所民工学校，便会引起轩然大波。总之，公众的视力突然变好了，过去睁只眼闭只眼的事情，今天却开始"大惊小怪"。为什么？观念不同了。

遇上有共鸣的文字，我常会停下鼠标，细细琢磨一番。尤其是思考它对教育的启示在哪里。两年多来，一直努力地和全校教师共同分享课堂变革的理念，却常纠结于我们的很多想法总是很难转化为大家的共识。于是，焦急、彷徨、失望，甚至于放弃的念头时有产生。然而，现实情况真是如此糟糕吗？

有没有一些种子，已然在这样的努力中悄悄地播下？有没有一些绿芽，在砖石缝中无声舒展？有没有一些花朵，在不起眼的墙角静静绽放？教育观念的转变必然是缓慢的，因为一切观念的转变都慢。唯其慢，才显得更有力量。如同平静海面下汹涌的潜流，看似无声无息，却有一种缓慢而坚韧的力量；不易察觉，却沿着某一方向坚定执着地变化。

想起昨天与一家长朋友闲聊时，他欣喜地向我透露的消息——孩子所在班级，最近的语文作业和上学期相比已悄然改变：机械、重复的抄写已变成大量的阅读、积累和感悟。又想起上午和学校某语文老师私下沟通，她悄悄告诉我——别以为改革的理念大家会抵制，其实，想法大家都认同，有时只是碍于传统的习惯性思维，有时只是受制于教育制度的约束，有时只是没有找到更清晰的路径。她还告诉我，不少老师已然在悄悄行动，只是因为不够自信，希望能够低调前行，通过小范围的实验证实自己的想法，为未来的前行增添动力。再想起，不久之前，有外地教育考察团来校考察，其中有一个环节是与学校教师面谈。临走前，考察者不断向我们强调，座谈过程中，学校老师对课堂、对儿童的理解和信念给了他们莫大的启发和感动。我颇有些诧异，可再一想，考察者最直觉、最直接的感受怕要比我们带着成见所看到的、想到的更接近真实吧。原来，在看似平静、一成不变的学校里，课堂变革观念的"水位"也在悄然升高呢！尽管这是一个不易察觉的变化，但变化已经实实在在发生了。于是，在文字和思想的印证下，学校课堂变革的前景似乎不再那么灰暗了，信心重新被点燃。

当然，阅读的过程也可以不那么功利。读来的东西，能和实践相互印证固然好，即便是"无用"的阅读、无所求证的思想同样也有价值。常有师长、朋友劝我，作为数学老师，过于博杂无序地阅读会分散精力，阻塞专业素养的提升。我完全理解这些善意的劝诫及其背后蕴含的合理意义。但与此同时，我更相信这样一种信念：教育的目的是人，而人是复杂的。认识人已然困难，要想认清人、认透人，并通过教育来改变、丰富、提升一个人，难度更可想而知。仅有学科的视野，再精深怕也无济于事，因为仅凭它显然无法完整把握人的内涵、意义和发展诉求。在这一意义上，广博的阅读便显得尤为重要。

有时，我也会思考：这样漫无边际的阅读，时而哲学、美学，时而又经济学、历史学、文化学，时而艺术，时而又政治……究竟能够给自身带来什么？然而，通过几年的阅读实践，我已然能从自身思想、观念、精神上日复一日的细微变化中，感受到这种看似无序积累的背后，个体自我精神重建的秩序。如今的我，更愿意相信这样一个比方：阅读如摄食，你不必过分在意每天所食究竟能够转化为机体的哪一部分，促进身体哪一机能的发展，但你完全可以相信，就这样无目的、无方向、无规划地不停摄取、消化、吸收，身体便在这一过程中自然而然地一天天强壮起来。身体如此，思想不也一样吗？想了想，自觉有理。于是，读完刘瑜的《观念的水位》，又顺便点开她的《托克维尔的那场旅行》《恶之平庸》《诗的世界在每一个角落里等待》。然后，还可继续读读同一平台上的龙应台、傅国涌、陈志武、野夫、贺卫方、张鸣、章诒和、崔卫平……有时，也会离开"爱思想"，再去"一五一十部落""共识网""中国金融家"等网站逛逛，当然，也可以直接找到他们的博客，关注他们的微博……我只想说，网络给我们展现了一个无限丰富而开阔的阅读空间。我相信好文字的力量，便时时告诫自己，读书不求精深、不求专一，要向每一个广博的领域，向每一个优秀的人，向每一段优秀的思想和文字，找寻自我成长的力量。

"脑子满"与"脑子活"

　　曾经在报纸上看到过这么一则新闻：一家著名企业以优厚待遇招聘员工，应聘者云集。在面试环节，面试官向应聘者提了这样一个问题："中国一年要消耗掉多少只高尔夫球？"这么"冷僻"的问题一下子难倒了很多人。许多应聘者要么诚实地回答"我不知道"，要么就"瞎猜"一个答案，结果都没有被录取。

　　终于，有一位应聘者给出了不一样的回答："说实话，我并不知道准确的答案，但是我知道怎样找到答案。"面试官追问："那你说说怎样找到答案呢。"这位应聘者说："现在网络资讯很发达，很多问题都能在网上找到答案。但是，如果在网上直接搜索'中国一年要消耗掉多少只高尔夫球'，因为问题太冷僻，估计不会有答案。但是，如果搜索'中国有多少高尔夫球场'这个问题，一定能找到答案；接着，我再抽样调查'一个高尔夫球场一年大约有多少客户'；然后，再抽样调查'一个客户一年大约消耗掉多少只高尔夫球'。由此就可以推算出'中国一年要消耗掉多少只高尔夫球'了。"结果呢，这个人被录取了。

　　这则新闻给我们带来什么启示呢？我们不妨推想一下，假设有一个人恰巧知道上述问题的答案（如果这个问题真的有答案的话），是否意味着知道答案的人一定比不知道答案的人水平高呢？恐怕不见得！我们不妨再揣测一下，面试官知道"中国一年要消耗掉多少只高尔夫球"吗？恐怕也不知道。

那么，自己都不知道答案的面试官为什么还要把问题提给应聘者呢？面试官到底想考察什么呢？其实，面试官看重的并不是应聘者掌握了多少知识和技能，而是获取知识的能力，也就是在不知道问题答案的情况下有没有办法寻找到答案。这实际上是在考查应聘者的创造性思维，因为面试官要选拔、录用的就是创新型人才。

这启示我们：是不是创新型人才，不仅取决于这个人掌握的知识和技能有多少，更取决于这个人的思维方法。信息时代的今天，能被计算机替代的简单记忆功能不再重要，教育最重要的是教会学生如何去思维。也就是说，我们所培养的学生不是要"脑子满"，而是要"脑子活"；不仅要聪明，更要具有创造力和想象力的智慧。

数学在培养人的理性思维和创新能力方面有着不可替代的作用，努力促进学生思维的发展是数学教育最为重要的一项目标。也有研究表明，数学思想的感悟和经验的积累在很大程度上会改变一个人的思维方法。为此，教师要在比较宽的视野下看待数学教学，不仅要考虑显性的知识，更要充分挖掘教学内容蕴涵的数学思想方法，以思维方法的分析带动具体数学知识与技能的学习。数学思想方法应当成为学习掌握各部分数学内容的"魂"，成为形成数学概念、建立数学知识体系、思考和解决数学问题的"主线"。

数学活动经验的获得依赖于有效的数学活动作支撑。数学活动经验的核心是如何运用数学的思维方式进行思考的经验，重点是尊重事实和证据，逻辑清晰，能够运用科学的思维方式认识事物、解决问题等。最终帮助学生建立自己的数学现实和数学学习的直觉，逐步养成一定的"理性精神"。

跑步人生

还记得从在师专读书时开始，我就慢慢喜欢上了晨跑，在天气不是很差的情况下，一般都要早起跑步锻炼。每次几千米下来，总觉得酣畅淋漓、神清气爽。

一个人跑步孤独吗？一点都不！脚步踏在坚实的地面上，思绪却能上下五千年、纵横八万里，飘飘荡荡不知飞到哪里，乐在其中！更多的时候，是什么也不想，看看尚未隐去的明月，任轻柔的风吹着身体，感受细密的汗珠从皮肤渗出，想象着跑完步冲一个热水澡的自在与快乐。每天早晨跑完，望着初升的太阳，觉得生命真的很美好！

爱跑步，首先是因为它能强壮身体。身体是革命的本钱！这道理谁都知道，但能持之以恒的人却寥寥无几。因此，跑步更是一种心智和意志的锻炼。的确，一天又一天地坚持，锻炼的是顽强的意志力和持之以恒的品质；一圈又一圈地不停歇地跑，跑的是毅力和耐力；一个又一个人地超越，跑的是好强和自信；而一天又一天地增加长度，跑的是积极进取和不断前进。也唯有从不间歇地坚持跑下去，才能领先他人，捷足先登。

坚持就是胜利！人生，就是这样不断挑战极限，不断超越自我的过程！我的教育人生又何尝不是如此呢？

驻足回望自己二十几年的工作历程，我是怎样一路奔跑过来的呀！从起跑时的村小、乡中小学、市重点小学，到途中跑时的省实验小学、江南名校，到现在的北京亦庄实验小学，每一次工作单位的变换，就像跑步时的上坡、下坡。换个新环境就像是往上坡跑，感觉比较辛苦，会遇到许多困难，后来加把劲儿坚持跑了下来，困难也就克服了。然后过了这个坡，就是坦途，会觉得跑得很轻松，接着又有了新的奋斗目标。然后又会遇到上坡，又要努力……

我没有聪颖过人的头脑，但坚信"勤能补拙"，尽管路途坎坷，充满挑战，却一直在全身心地奔跑，一步一个脚印地向目标迈进，向远方进发。这其中自然有"独上高楼，望尽天涯路"的期盼与迷惘，也有"为伊消得人憔悴"的执著与付出，当然也有"蓦然回首，那人却在灯火阑珊处"的收获与喜悦。

在一路奔跑的路上，我也充满了感恩与感激，刘金荣校长、彭学真老师、沙素勤大姐、梁秋莲老师、曹丽娅校长、斯苗儿老师、李振村老师……他们给予我的帮助与指导，点点滴滴铭记于心。他们都是我生命中的贵人！对他们，我怀有深深的敬意，并始终心怀感恩！

一路跑来，我的爱人和女儿也随我"南下北上"，个中辛苦可想而知！爱人温良贤淑、善解人意，无论随我奔跑到哪一站，都是随遇而安，并努力作好后援。别人关注的是我跑得有多远，她关心的只是我跑得累不累、烦不烦。女儿乖巧懂事，品学兼优，一直让我引以为傲。她们始终是我持续奔跑的重要动力，她们的支持与付出也鼓舞着我坚持奔跑下去。

时光如梭，从1991年站在教育人生的起跑线上，至今已跑了足足25年。当年奋力起跑的青葱小伙已成两鬓染霜的中年大叔，昔日青涩的乡村小老师已成长为资深的首都特级教师，但不变的是对教育的挚爱，对教学研究的痴迷，那是心灵的邀约，是我迎风奔跑的动力！

人生苦短，倾力而为，快跑！

听课随感三则

板书还需要吗?

时下,越来越多的课堂以"大屏幕"替代了"板书",老师背后的黑板越来越"干净",有的板书少得可怜,甚至有的课上老师只在黑板上写上"课题"。信息技术确实改进了我们的教学方式,既可以呈现大量的知识信息,也可以展示丰富多彩的画面。但,这意味着板书可以被替代吗?

其实,课堂上的许多内容是信息技术手段所不能呈现的,有许多功能也是信息技术手段所不能达到的,板书与信息技术手段之间更多的是互补关系而非替代关系。

比如,课堂上学生随机出现的答案,教师灵光一闪出现的念头,学生之间产生的分歧和争议,这些内容是信息技术手段无法即时生成的,而通过板书却可以随时将其呈现出来。

比如,教学总是围绕一定的重点、难点展开,虽然信息技术也可以将这些重点、难点呈现出来,但电脑的页面总是有限的,总是需要不断翻页来表现一些新内容的。如果以板书的形式将相关重点、难点书写出来,学生在整堂课都可以看到,也可以加深对这些内容的理解。

比如,展现教学的整体架构,体现本节课知识点之间的联系,多媒体虽然在一定程度上也可以展示,但没有了板书,没有了教学内容循序呈现的过程，学生对知识脉络的认识就会受到一定影响。

以《组合图形的面积》一课为例，本课的重点是把组合图形的面积转化为若干基本图形的面积去计算，突出转化思想和以简驭繁的思想。随着教学流程的推进，逐渐形成以下板书：

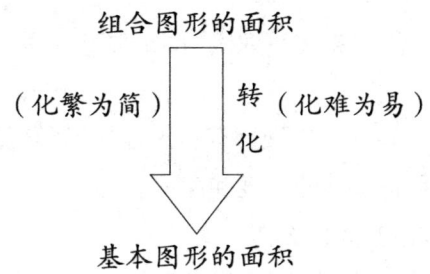

组合图形的面积

（化繁为简）　转（化难为易）

化

基本图形的面积

显然，精心设计的板书对教学内容作了很好的加工和提炼，凸显了教学重点，展现了学习脉络，有利于学生加深对学习内容的理解。

此外，板书的功能还在于它可以制造教学的停顿。教学需要停顿，因为学生需要思考的时间，而黑板的即时重现力强，随写随看，可以较好地控制课堂节奏，体现教学的节奏美。

"尺有所短，寸有所长"，对于传统和现代教学媒体的选择，要看哪种表现形式更有利于学生的理解和学习，切不可简单地用"新、旧"作为判别"好、坏"的标准。

课堂用语仅是鼓励吗？

时下教师们最为常用的课堂用语大都是心理性和社会性的，主要作用就是帮助学生建立足够的自信心，营造相互尊重的集体氛围等。比如："你真聪明！""你表达得这么清晰流畅，真棒！""你很会思考，真像一个小科学家！让我们为他鼓掌！""能提出这么有价值的问题来，真了不起！"……

但是，从促进学生学科学习的角度去分析，仅仅停留于心理的与社会的层面显然是不够的。应努力加强课堂用语的学科性与指导性。例如，以下一些课堂用语或许具有更强的学科性质和指导功能：

"你们觉得这种方法好不好？""你们觉得好，可以照着这种方法试一试。"

这既是对好方法的及时巩固和推广，更是对那位提出好方法的学生很好的一种鼓励与肯定。

"谁听懂他的意思啦？他讲的是什么意思？"

"你同意他的想法吗？为什么？"

"你讲得很有道理，如果你能把语速放慢一点，其他同学听得就更清楚了！"

这是通过重述、确认、提醒，有意识地培养学生耐心倾听的习惯，促进学生之间的交流，保证互动的广度和深度。

"你赞同哪种方法？为什么？"

"你是怎么想到的？说说你的想法。"

"你们同意他的想法吗？你们是怎么想的？"

"这几种方法有什么不同？"

……

这是在关键的学习点处，通过质疑或追问，促使学生深入思考，增强学生对学习内容的理解或促进学生对问题的解决。

"刚才我们一起进行了什么活动？为什么要做这个活动？"

"通过上面的学习又引发了你哪些思考？你还能提出哪些新的问题？"

……

这样的课堂用语就是在帮助学生实现迁移，促使学生逐步形成评价和反思的习惯。

"再……就好了"真的就好吗？

在听评课活动中，时常听到"再放得开一些就好了""如果问题多让学生提出就好了""提出问题后多花些时间让学生讨论一下就好了"等等的评语。应该说，如果抛开具体的教学情境，这些议论或者建议都是无可非议的。可是，在具体的教学场景中，这些主观意识浓郁的建议真的可行吗？值得商榷。

其实，老师的个性特点、教学风格等多有不同，对某一内容的处理方式有差异是很正常的。既有"大气开放"，也应该有"细腻婉约"；既有"激情四溢"，也应该有"娓娓道来"。也因此教学才被称为一门艺术，也才有了教学百花园的异彩纷呈。比如，针对"放开一些就好了"的建议，"在哪里放开"就很值得研究，这是对教学的科学性分析。至于"如何放开"、"放开"的"度"却是跟当时学生的学情表现直接相关的，展现的是教师的教学艺术，切不可拿"彼经验"照搬于"此场合"。

进一步，我们应当明确提倡教学方法与学习方式的多样化，并通过积极的教学实践深入认识各种方法的优点与局限性，从而就能够依据特定的教学内容、对象、环境以及教师本人的个性特点创造性地加以组合应用。

教学是一门科学，有内在规律可循，但切不可"模式化"，否则容易导致僵化。我们既然倡导学生的"个性张扬"，为什么不鼓励教师们"百花齐放"呢？"水至清则无鱼"。我们追求课堂教学的"大气"，需要教学评价的"宽容"。

教学中的三个隐喻

隐喻一：学习就是"学走路"

"走路"是一定要自己学会的，没有父母会糊涂到不教孩子"学走路"。我们可以想象，小孩子在学走路时，父母刚开始是扶着他走，然后是拉着他走，再后来是跟着他走，最后是放开手让他随意走。联系到学生的学习，"学走路"的教育隐喻即为：学习是自己的事，别人只能提供帮助，但无法代替，必须高度重视学生自主学习能力的培养。那么，应该怎样去培养呢？

不妨对比以下两种做法：

孩子问妈妈："蜜蜂为什么能嗡嗡嗡地飞，而蝴蝶飞起来却没有声音呢？"第一位妈妈循循善诱："孩子啊！蜜蜂嗡嗡嗡地飞是因为它的翅膀震动地快，而蝴蝶震动地慢啊！"第二位妈妈没有直接告知，而是与孩子一起做实验研究：拿起一张纸，先是慢慢地扇，然后快速地扇动，让孩子在观察、比较中体会物体振动的快与慢产生的结果有什么不同。

哪位妈妈的做法更有利于孩子的学习"增值"呢？显然是后者。因为学生自己学会的"会"与老师教会的"会"，是两种不同性质的"会"，也是两个不同水平的"会"。叶圣陶先生讲"教师之为教，不在全盘授予，而在相机诱导"。这也正是当代教师所应当具有的专业自觉。应该向第二位妈妈那样，给学生提供适切的自主学习活动空间，让出话语权，让出探究权，让学生自己去探索，自己去体验，自己去辨析。"凡是学生能自己探索得出的，老师决不替代；凡是学生能独立思考的，老师决不暗示。"唯如此，学生的学习责任感和自主学习能力才会逐渐增强，才能真正实现"教是为了不教"。

隐喻二：教学就是"挠痒痒"

"挠痒痒"是只有挠到"痒处"才能解痒的，否则会造成"痒的地方没挠到，不痒的地方使劲挠，结果还是痒"。教学要挠到学生的"痒处"的教育隐喻就是要"瞄准"学生的认知障碍，"瞄准"学生学习的困惑之处、疑问之处。波利亚说："教师讲什么不重要，学生想什么比这重要一千倍。"只有真切地挠到学生的"痒处"，才能把学生表面化的学习变成充满思考的学习过程，让学习真正发生。

为此，教师需要作好"学情调研"，搞清楚哪些是学生已经会的，哪些是学生自己能学会的，哪些是需要教师引导、讲解才能学会的。教学要精确到与学生的需求相联系，对学生易学已懂的内容，在教学设计中要淡化，对学生难学未懂的内容，在教学设计中要重视。

教师要"教所当教"。学生已会的不教，自己能学会的不教，教了学生也不会的不教；教师集中力量教学生学习过程中的易混、易错、易漏的点，教学生想不到、想不深、想不透的知识，教对学生核心素养发展有益的内容。

"好课似看山不喜平"。好的课堂不应该是"风平浪静"的，应该有"波澜起伏"。课走到一个板块，就设置一个"坎儿"，学生需要用力"跳一跳摘果子"，才能让思维更多维、更深入，才能使学生有"茅塞顿开、豁然开朗"之感，才能带给学生认知能力上的解放与超越。

隐喻三：教师要"挑动群众斗群众"

数学知识是教师讲清楚的，还是学生想清楚的？显然，教师讲得清楚并不意味着学生就能想清楚。学生以自己的方式建构对于知识的理解，通过与教师和同伴的合作交流会使理解更加丰富和全面。"挑动群众斗群众"的教育隐喻就是构建"互动—对话"式的课堂形态，让学生的数学学习过程成为一个探索与交流的过程，在探索的过程中形成对数学的理解，在与他人的交流中逐渐完善自己的想法。师生之间、生生之间互动对话后产生的思想，不是1+1=2，而是1+1＞2。

"互动—对话"式的课堂首先需要设计好适切的问题，在问题的引领下让学生展开思考、讨论；其次要对学生的问题进行梳理，抓住和提取有价值的问题进行交流、互动。在这个过程中，教师要认真倾听学生的想法并捕捉价值。评议的重点不仅关注学生方法的对或错，更要关注学生的想法是否有价值；对学生出现的困难提供帮助，包括提供有助于深层思考的数学问题以及必要的指导、帮助、归纳、提升，真正促进思维（包括方法等）的优化。同时，要有意识地培养学生耐心倾听、乐于表达、善于反思、勇于修正的技能和习惯，学生从中学会欣赏他人、接纳他人，学会修正自己，使得他们更好地进步和成长。

高明的教师善于"借力"，拨动"问题之球"在学生之间流转，以保证互动的广度和深度，借同伴之力促学生"想清楚"；善于"挑拨"，挑起学生间的认知分歧，让学生在争论中对知识"越辩越明"；善于"使坏"，摧毁学生原有的认知大厦，引他们重新"搭盖"。

6 储冬生卷

心在哪里，智慧就在哪里

有人说，人的职业境界可以分为两种，一种是职业的，一种是事业的。回望自己十多年的教师生涯，自我衡量好像两者都不是：要说我做老师纯粹为了谋生，好像不完全是，比单纯的谋生更多了一份责任和追求；要说已经进入事业境界，我深知自己也没达到那样的高度，把教育当作事业，应当对这项事业充满激情、敬畏和热爱，将之融入自己的生命，并且能够有所建树。用这些词语来衡量，我的确还差不少。我倒觉得在职业和事业之间应该还有一种中间状态，那就是专业。我的确是把教师的工作当作专业来做的，而且对之充满敬畏，在小学数学教育的园地里，我努力着、思考着、探索着……

用专业赢得尊严

记得刚工作的时候，我常常遭遇类似这样的对话——

"你是干什么的？""我是当老师的。""老师挺好的。你是什么老师？""小学老师。""是小学老师呀。教什么学科的？""教数学的。""小学数学，那很轻松的，不就是 1+1 等于 2 吗？"

在不少人的眼里小学教育似乎缺乏专业性，小学数学更是如此，就那么点知识谁不明白？一些小学数学老师也表现出对自己专业的不自信。其实，小学数学教育应该有独立的专业地位的。对此，张奠宙教授曾经作过这样的论述：

多年来，作为最低学历层的小学教育，许多人觉得"学术水平"也是最低的，小学老师本身的腰杆也挺得不直。以至于小学教育工作者，似乎也只有接受指导的责任，而没有独立研究的能力。实际上，小学数学教育，本来就是一个独立的教育学科，在学术上和一般教育学、心理学，中学数学教育等，各有各的研究领域，彼此都是平等的。互相交流可以，却绝不低人一等。

我们的小学数学教师也应该拥有独立的尊严，而且这种尊严一定是源自专业的。只知道"1+1=2"那不是我们的专业，我们更应该思考怎么教好"1+1=2"，怎样通过"1+1=2"的教学促进学生的可持续发展。

几年前，一位在高中任教的朋友给我打了个电话，大意是这样的：他上四年级的女儿竖式计算总是出错，不是方法不懂，而是口算出问题。数学老师要求练习口算题，她5分钟就可以做完100多道的练习题，而且正确率还挺高，真让人百思不得其解……我根据自己的经验，建议他改变一下孩子练习口算的方法，采用家长报题目孩子说得数的方法来练习，由"视算"走向"心算"。因为我觉得竖式计算过程中的口算其实是个"心算"的过程，比如 36×7，计算 3×7 再加进上来的4，是看不到算式的，是把 $3 \times 7+4$ 想在心里的。经过一段时间的训练，孩子竖式计算的正确率真的就上去了，而且因为训练方式由单调的做卷子改成了家长报题抢答的形式，孩子练习口算的兴趣更高了。这件事情之后，这位朋友在很多场合都说："储老师真是厉害！小学数学知识不复杂，但是教好小学数学真不是件简单的事情。虽然我是个中学数学特级教师，但是我服了！"

为什么现实生活中小学数学教师会遭遇一些专业"窘境"？我觉得与我们自身的专业化水平不高是有关系的。为什么人们大都认可医生的专业性，而对教师的专业性缺乏应有的认可？同样是教育，为什么大家似乎更认可中学教育的专业性，而认为小学教育谈不上专业？原因是多方面的，但是其中有一条是我们必须面对的，就是目前小学教师整体的专业化水平的确有待进一步提升。在医院里，儿科医生之所以有和其他科医生一样的专业地位，那是因为儿科医生有自己独立的专业领域和专业技能，能解决其他科医生解决不了的问题。如果我们小学数学教师也能够解决其他人解决不了的问题，那我们就真正拥有自己的专业了，也一定能够赢得自己的专业尊严。

做最好的自己

什么是教师的专业成长？有人认为得到一些荣誉、获得一些奖励就是专业发展得好的标志，对此我有自己的认识。记得诺贝尔奖得主丁肇中先生曾说过，一个想搞科研的人，为了诺贝尔奖而搞科研那是非常危险的事情。类似的道理也是成立的，一个做教育的人仅仅是为了获得各种外在的荣誉而研究，也是很危险的事情。教师的专业成长更重要的是自身的内涵发展，从这个意义上看成长其实就是"做最好的自己"。

要想成为最好的自己首先得审视自我，审视自我既是我们专业发展的出发点，也是归属所在。审视自我，包括自己的性格、气质、思维方式、语言风格，等等。就以语言风格为例，有些老师具有特别好的语言天赋，语音圆润，音色厚重，语汇丰富……这些我好像都不具备，我也曾经为此苦恼过。但是当我在百家讲坛看到纪连海老师的讲座时，我觉得他似乎也不具备这些素养，但是他一样可以让自己深受学生和观众喜爱。于是我豁然开朗了，好教师其实并没有固定的模式，华丽优美固然是一种风格，我也可以挖掘自身的优势，如果能够把自己的"简约、深刻、幽默"做到极致，我同样可以成为最好的自己！

我一直觉得在专业成长的道路上学习名师应该是一条捷径，名师是可学的，只是在学的过程中千万不能"迷失自我"！名师是一本厚厚的书，不仅有装帧华丽的外表，更有博大精深的内涵。我们应该向名师学习，但是如何向他们学习，值得思考。学习名师不能做简单的"拿来主义"，不能因为执迷于"一招一式"的简单模仿，而忘却了探究名师的"独特感悟、独到见解、文化底蕴、人格魅力、精神风貌、思想境界"。学习名师最重要的是要学习他们的"理念、精神、人格和境界"，而不仅仅是"技术"。观摩名师的教学只是告诉我们"可以这样教"而不是"必须这样教"。借鉴别人的经验，还得为我所用。这就是白石老人讲的"学我者生，似我者死"。

思想的光亮只可能从静寂中升起，而不可能在喧哗和躁动中浮现。成长的过程也一定是一个艰辛付出的过程。就以上课为例，初登讲台的时候我也和很多人一样，紧张、拘谨，为此我付出了艰辛的努力。我借来名师的课堂教学录像，一遍又一遍地看，研究名家驾驭课堂、从容施教的艺术，甚至我还买来《孙敬修爷爷讲故事》的磁带用心研究，努力让自己的语言更贴近儿童。参加全国比赛之后，我曾写下《磨课手记》一文，其中最后一部分是这样写的：

以前常听人讲"磨课"，听听而已。而今，我终于深刻地体会到别人所说的"磨课"，"磨"是什么意思。"磨课"不仅仅是磨语言、磨技能，更重要的是磨理念、磨心理……获奖的那一刹那，我激动过，仅仅就为了那个结果。而今再瞅那个"红本"，我则有一份儿沉甸甸的收获感。我的收获，更多是在那个过程中。我想由衷地说："好课是磨出来的，好教师也是磨出来的！"

把工作当学问做

大家都知道"读书、实践、反思"应该是我们专业发展的三个关键词，登顶金字塔的秘密就蕴藏在一次一次的"读书、实践、反思"的螺旋上升之中。可惜一线老师很多时候都只将自己艰辛的劳作局限于一亩三分地里，只看到脚下的土地而看不到头顶上广阔的天空：一方面思想的"接口"有限，对外界新鲜事物的感受和吸收能力匮乏；另一方面自己不断迸发出来的创新火花常常因为思想"出口"的局限而难以持续，只是散点式地悄然消失在时空中而永不复返。一线老师的职业生活往往只有重复的实践，而缺乏阅读的支撑和反思的跟进。

实践是一切教育智慧的源泉。我一直认为，讲台就是教师的舞台，教师最美的姿态一定是在他讲课的时候！就像农民离不开土地一样，教师怎能离开课堂？我们的课程改革最需要怎样的学科教学专家？是像袁隆平院士那样的专家，他研究水稻不是在办公室的电脑上，而是在广袤的稻田里，直到现在他仍然坚持自己穿上靴子到稻田里去研究水稻。我一直让自己扎根在课堂之中，努力将平常课当作公开课来上——追求一种"精致的创意"，将公开课当作平常课来上——追求一种"真实的效益"，着力追寻一种"生动且深刻"的教学境界。

一个人的眼睛里能够看见什么，往往取决于他的脑子里装了什么。我一直认为"读书的厚度决定人生的高度"，老师首先应该是个"读书人"。假如把我们的成长看作一株攀援的凌霄花，对日常教学的研究和关注能够决定我们生长的长度，而有效的理论阅读恰似为我们的成长搭起了一个支架，这支架决定了我们成长的高度！目前，我的个人藏书也有 2000 多册了，每年都自费订阅八九种报刊，周末我总会抽出时间到书店去"淘金"。现在我们这个小县城很多书店的老板都与我成了熟识的朋友，出差在外只要能挤出时间我总要到书店去逛逛。逢年过节别人忙着休闲娱乐的时候，也正是我畅快阅读的大好时光，熟识的朋友们都戏称我为"没有假期的老师"。后来又有朋友给了我个"昵称"叫"书斋动物"，我也乐意接受！

阅读和实践都很重要，而反思则是沟通理论阅读与实践探索的一座桥梁。反思需要一种对教育事件进行反思的敏锐眼光，这是"反思能力"的核心部分。反思更需要一种执著精神，一种永不满足的对教育核心精神的逼近，我们可以称之为"反思精神"。只有建立在反思精神之上的反思能力才是真正有力量的、有生命的、有灵感的，才是真正能促进我们成长的。我个人觉得教师不仅要反思，而且要写反思，因为写是一种重要的"反思方式"。很多问题你想的时候觉得很清楚了，但写的时候就会发现自己其实还没有想清楚，写能让你的思考真正深入下去。写下来之后，再隔一段时间，你还可以对它进行些"反刍"，尤其是在自己读书学习之后，还可能会有新的思考和认识。

其实，我们一线教师的研究不是在日常工作之外附加什么，而是日常工作的深化，只是把我们原来做的事情再多想、多做一步（或改变一点）而已。往简单了说，就是"把工作当学问做"。我们的工作是重复的，但是我没有重复的感觉，也许就是因为我在思考、在研究！只要能"把工作当学问做"，我们就一定能成为"心中有规则、手中有技术、脑中有理论"的研究型教师。

曾有一位大学教授为我们作报告，他流露出对我们小学数学教师的不屑，当晚我在自己的博客中写了这样一段文字：

高校专家的研究成果就像"百元大钞"，在购买大件物品时或许很方便，而我们小学教师的研究成果更像"零钱硬币"，在打电话、买早点的时候，或许更方便实用，两者无所谓孰高孰低。从总量上来分析，可能专家的"百元大钞"积累的速度更快些，而小学教师的"零钱硬币"积累的周期更长些，但从长远看两者应该具有同样的价值。

顾明远教授说，教育是极其复杂的事情，每个人均有可为之处。只要用心研究，我们一定能够在小学数学教育的园地里收获自己的专业，赢得自己的尊严，因为"心在哪里，智慧就在哪里"。让我们一起努力，努力做一个不仅有职业身份，更有专业尊严的小学数学教师。

像莎士比亚写诗那样去做老师

一直觉得自己还算个不错的老师，对教育也蛮"用心"的。但是随着自己的孩子逐渐长大，尤其是上学以后，我对教育又有了新的认识。在与儿子的交流中，我发现了一个自己作为老师从前没有关注到的儿童世界。我开始更细腻地思考：如何走近儿童？如何走进儿童？如何当好老师？如何做好教育？……我逐渐理解为什么说"教育即儿童研究"。

一

难得下一场大雪，全家人都很兴奋，尤其是儿子。于是爱人带着他下楼去看雪景、打雪仗、堆雪人。爱人是语文老师，看着这难得的美景，她不忘给孩子一些教育。

"儿子，你看这傲雪的青松多么勇敢，其他的树木都掉光了叶子，只有它还是这样的坚强！"

儿子看了看松树，又看了看其他的树木："我觉得其他的这些树木才勇敢呢，你看看，这么冷的天它们光着身子也不怕！"

爱人毕竟也是专业的教育工作者，虽然有些意外，她还是说："嗯，晓畅的想法也是有道理的。"

孩子的话不是没有道理，妈妈的处理方式也不算武断。但怎样才能做得更好呢？如果我们让他自己去观察、去比较、去思考、去发现，而不是急于想告诉他什么，或许就更接近我们理想中的教育了。在家庭的场境中孩子还能说出自己的真实感受，倘若在学校里、在班级中、在课堂上，他还会说吗？还有机会说吗？还敢说吗？……

二

我在办公室写材料，儿子则坐在沙发上看书。

突然他跟我说："爸，我肚子疼。"

我看他疼得也不算厉害，就说："你过来，喝杯热水，然后把靠垫儿垫在肚子下面，在沙发上趴一会儿，也许就好了。"

趴了一会儿，他突然抬起头："爸爸，我肚子不疼了。"

"那就好啊。"我说。

"那现在疼去哪儿了呢？"他非常认真地问我。

我无言以对。

疼去哪儿了呢？只有孩子才会这样追问。有人说，孩子天生就是哲学家，看来真是这样。可惜，他们大都只是在刚入学的时候才会这样追问。经过一段时间的学校教育，他们大都再不会思考这样的事情，问这样的问题了。

孩子对于世界都充满了好奇，他们会看到很多成人看不到的"精彩世界"。很多时候，是我们的教育让孩子的好奇心逐渐泯灭。从某种意义上说，教育首先应该是保护，从保护孩子的好奇心开始。

三

帮儿子洗澡，调好了水温，我便让孩子站到浴缸里来。孩子试了一下水温，哇哇直叫："太烫了，太烫了。"我又用手试了一下，感觉还好："不烫，快过来。"他不来，我又说："我试过了，一点儿也不烫！"孩子着急了："我们孩子的感觉和你们大人的是不一样的！"

听着孩子的话，我愣了一下："那你自己再试试。"

孩子自己试了一下，又调了调，然后才泡到浴缸里愉悦地洗了起来。

儿子的一句话点醒了我，很多时候孩子的感觉和大人的是不一样的。这是最简单的道理了，可这么简单的道理却常常被我们忽视。

经常会听到类似这样的对话："孩子，穿上外套，别冻着。""我不冷，一点儿也不冷。""怎么不冷？我们都冷，你怎么会不冷？""我真的不冷！""快穿上，这会儿不冷，待会儿你就冷了。"

冷暖是个人的主观感受，我们能完全用自己的感受替代孩子的感受吗？生活中我们有多少次在有意无意地用自己的感受代替孩子的感受，甚至把自己的感受强加在孩子身上呢？就是这样一个连孩子都知道的道理，为什么我们成人就不能真切地领悟呢？

四

儿子从学校回家的路上，一直"愤愤不平"。

美术课上，老师要求孩子们画自己的一个同学，看谁画得像。

于是他就开始画自己旁边的一个男孩子，他画得很认真。从幼儿园就开始学画画儿，他对自己的水平也很有信心。

交给老师批改，老师看了看作品，打了个"良"："颜色不够鲜艳，怎么能把人画成全身都是黑色呢？"

"我画的张晓磊，他今天穿的的确是一身黑衣服，所以，我就只能给他涂上黑颜色了，不然就不像他了。"

"那下次你就要注意自己调整啊，这样不好看的，你看看人家张语童画得多鲜艳、多好看。"老师说。

儿子就很郁闷：如果都改得不像那个小朋友了，那还叫作画自己身边的好朋友吗？你不是说要"画得像"吗？真是自相矛盾。

试想一下：如果老师提的要求不仅仅是"看谁画得像"，如果老师最后评价的时候"多几把尺子"，如果老师能够稍微解释一下"画得像"和"画得好"的关系……也许孩子就不会那么"愤愤不平"了。可惜，没有那么多的"如果"。

教学中老师所提的要求与评价标准之间应该是匹配的，这些都是要用心规划的，倘若过于随意，就容易像孩子说的那样"自相矛盾"了。

五

期末考试，试卷上有这样一道题：

填空：春天来了，＿＿＿＿＿＿＿＿＿。

儿子是这样填的：春天来了，河水开了。这个答案当然是错的，结果得了99分。

阅卷老师是这样判的，我也是这样想的：河水怎么能开了呢？烧开了吗？我也不明白他是怎么想的。

班上孩子太多了，又快放假了，老师没有再问过他是怎么想的。

当我把卷子带给他看的时候，他是这样解释的："冬天的时候，河水都是结冻的，到了春天，天暖和了，就融化了，河面也就开了。"

我恍然大悟："你的意思我是明白了，但是你为什么不写清楚呢？'河水开了'这个说法不太好，阅卷老师看不明白。"

"但是，我看见人家就是这样写的……"儿子连忙解释。

他拿出一本儿歌集，上面是这样写的：一九二九不出手，三九四九冰上走，五九六九沿河看柳，七九河开，八九雁来，九九加一九，耕牛遍地走。

原来如此！

于是，我尝试着告诉孩子，儿歌的语言和我们日常的叙述是不一样的……

等我讲完了，孩子若有所悟地点点头：原来儿歌还有这些秘密，我得把它告诉咱们班的小朋友。

看着儿子满意的表情，我也很有成就感。

有人说，学校是孩子出错的地方。我觉得，如果处理得当，差错也可能成为难得的教育资源。差错不可怕，关键在于我们怎样对待差错、处理差错，如何挖掘差错背后的资源。

"教育是慢的艺术"，教育的艺术性首先就体现在"等一等，慢一点儿"，小学教育尤其如此。学会等待，懂得期待，是教育者走向成熟的重要标志。李希贵先生说：教育无小事，这是人们普遍认可的；教育也没有多少大事，这也是为我们一天天的教育生活所证明了的。所谓教育的智慧，其实就体现在这一个个不经意的细节之中。让教育的脚步再慢一点儿，也许我们的教育就又往儿童那头走近了一大步。研究儿童怎样细腻都不为过，我们应该"像莎士比亚写诗那样去做老师"。

有一种教育叫"故事"

一

从小生在农村，没有太多好玩的东西，只能自己"找乐子"。

一天独自在家玩得无聊，猛然发现家门口的树上竟然有个不小的鸟窝。现在想来，鸟窝早就长在那儿，只不过那天实在无聊才注意到了它。一定是个不错的玩意儿！于是我爬上树，把那鸟窝摘了下来。

小鸟真是可爱！我用砖块给它们搭了个小窝，看着那些还没长毛的小鸟，叽叽喳喳地叫个不停，我越看越喜欢。可是慢慢地一股忧愁便油然而生：爸妈回来发现了，咋办呢？小时候我就明白一个很深刻的道理：人在劳累的时候最容易动怒！因为实践一次次证明，爸妈刚从地里回来总是我最容易"遭殃"的时候。

我想让它们别再叫了，免得被爸妈发现。可是无论我怎么哄，怎么骗，它们还是叫个不停。我猜它们也许是饿了，就从家里抓出一把小米来喂它们，可它们就是不吃，仍然叫个不停。眼看爸妈马上就要从地里回来，我实在没辙了，用砖块把几只小东西都给砸死了……那年我也就七八岁的样子，看着地上的血迹自己都哭了。

妈妈回来看了"现场"，一下就猜了个"八九不离十"："你说实话，我不打你。"我战战兢兢地说出了事情的原委，妈妈是个普通的农村妇女，但是在这件事上她所显露出来的教育智慧却让我终生难忘。

　　妈妈没有责骂我，而是给我讲了一则故事，大意就是：她小时候，有一个好朋友杀了一只小狗，结果其他的小狗都来找她报仇，最后她被狗活活咬死了。她很担心地看着我："孩子，你打死了这么多小鸟，它们的同伴也会来找你报仇的，到时候你可怎么办呢？"没有挨打，可我也吓蒙了……

　　这时候妈妈又指着地上的蚂蚁说："你看看小蚂蚁都来了！"其实夏天农村的地面上蚂蚁随处可见，可这时候蚂蚁却让我恐惧得很。一会儿，妈妈又指着门前电线上的几只麻雀："你看麻雀也来了。"我实在是"撑不住"了，大哭起来："妈妈，我可怎么办呢？"妈妈想了想说："孩子，你向这些鸟道个歉，保证以后再也不伤害它们了，也许它们会给你一次机会，看你以后的表现。"于是我就对着电线上的麻雀大声叫喊着："各位小鸟，我错了，我以后再也不做这样的事情了，如果下次再这样，你们就把我给咬死吧……"

　　等我喊完了，那电线上的小鸟还真的飞走了。现在想想，我那么大呼小叫，它们能不被吓跑吗？这时候，妈妈说："孩子，小鸟都原谅你了，下次可不能这样。"

　　……

　　事情过去这么多年，我再也没有犯过类似的错误。可我还常常会想起妈妈的教诲，想起这个"小鸟复仇"的故事。不管是虚幻还是真实，这个故事都以其不可抗拒的力量占领着我的心灵，直至今天，乃至更久。问过不少同龄的朋友，他们也都曾被故事深深地震撼过，也都有过痴迷于故事的经历。现在我常常会想：假如妈妈没有给我说这个故事，而是像往常一样揍我一顿，结果会怎样呢？它还能这样长久地留在我的记忆深处吗？这个故事为什么能够留在我的记忆里，永远也抹之不去，是什么让它如此永恒？现在的孩子还需要听故事吗？他们又需要怎样的故事呢？现在长大了，我们还需要故事吗？我们又需要怎样的故事呢？……

<h1 style="text-align:center">二</h1>

很多问题，我的认识都还不够清晰。但是作为个人，我觉得我依然需要故事；作为老师，我隐约觉得根据孩子们的心理特点，故事应该是一种独到的教育方式，我们应该关注一下教育内外的故事。于是，我便开始尝试着引用、借鉴、编拟甚至"杜撰"各种故事，来滋养我的"教育人生"……

送给学生的故事："嘴和耳朵"

上一届学生有段时间上课总是说个不停，教育一次要不了几天他们就忘了。怎么这么健忘？怎样才能够让他们记住呢？我琢磨了好久，后来我想到了故事，因为故事是孩子最感兴趣的，也是最容易记住的。于是一天晨会课，我就对大家说，今天储老师给大家讲一则故事，孩子们可高兴了！故事大概是这样的：

大家觉得我们的脸是不是有些奇怪？脸上有两个眼睛、两只耳朵，鼻子只有一个但也有两个鼻孔，唯独只有一张嘴。是不是不太合理？一张嘴又要吃饭又得说话，太忙了。其实上帝刚开始造人的时候，每个人是有两张嘴而只有一只耳朵的。本来，上帝想：听东西一只耳朵就够了，两张嘴一张留着说话，一张留着吃饭，多方便！可是后来上帝发现有些人就是不自觉，一有空就两张嘴都忙着说话，而且教育了还不听。于是上帝一气之下，就将人的一张嘴给封了，同时又给人加了一只耳朵，用意就是教育人别只顾着说，得学会听。这样人就只剩下一张嘴了，耳朵倒变成两只了，也就是咱们今天这样了。

孩子们听得可真是投入，想想就乐，有的还有意摸摸自己的嘴，好像生怕再乱说话会被上帝把仅有的一张嘴也给封了。最后我还布置他们回家把这个故事讲给家长听听。第二天我问他们："爸妈说什么了？"他们说："爸妈说，老师是批评我们上课乱说话，教育我们上课不要乱说话，要学会听！"据说这个故事在我的这届学生中流传很广，至今他们仍会相互提醒：小心上帝把你的嘴给封了。后来遇到不少家长，他们也总是提起这个"有些荒诞"的故事。

与家长共勉的故事："可怜的壁虎"

这些年我一直当班主任，在与孩子和家长的接触中，我发现现在独生子女的教育一个最突出的问题就是"溺爱"和"过度保护"，让孩子得不到应有的锻炼，一点耐挫力都没有。有时候，人必须在失败中才能真正长大！正如人们常说的：吃亏是福，吃亏得趁早。

刚开始，我也会在家长会上给家长们讲"应该怎样教育孩子"，"怎样让孩子自己学会去承受一些东西"等。后来一个家长善意的玩笑，让我感到自己的做法似乎有些不妥，她说："你自己都没有孩子，还大谈什么'家教'，你懂'家教'吗？"我猛然觉得自己的举动似乎有些滑稽，但是作为老师我又觉得自己有责任讲，必须得讲。到底该用怎样的方式来讲呢？很自然地，我又想到了故事：给家长讲故事。这是上次家长会上我给家长们讲的一则故事：

日本有不少的房子都是木结构的，有一户人家因为特殊原因刚建了两三年的房子就得拆。拆房的过程中主人发现了一件怪异的事情：一只壁虎的尾巴被钉子钉在房间的隔板里面（大家猜测壁虎一定是三年前装修的时候被钉在上面的），三年过去了，壁虎竟然还活着！壁虎的尾巴不是可以断了再生吗？它为什么没有逃走呢？被钉在这里，它又为什么没有饿死呢？原来是壁虎妈妈怕小壁虎疼，于是每天都捉虫子来喂这只小壁虎，就是因为壁虎妈妈的爱，她的孩子在黑暗中安然地度过了 1000 多个日日夜夜。

我给家长朋友讲这个故事的时候，大家都听得很投入，都若有所思地点头……我发现成人同样需要故事，不仅仅是我一个。想想现在的很多父母不就像那只壁虎妈妈吗？生怕孩子摔着、冻着、疼着，一切都包办代替，剥夺了孩子锻炼的权利、失败的权利、长大的权利！父母不仅得爱孩子，更得会爱孩子，因为"有一种伤害也叫爱"！

留给自己的故事："老玉米"

刚刚工作那会儿总觉得自己很卖力，也有实力，怎么就没有个"伯乐"来发现自己呢？估计不少同龄人都经历过这样的阶段。我是怎样走出那段"虚热浮躁"的日子的呢？现在想想就是给自己讲故事。有一次在长途客车上看到这样一则故事：

有一个善良的老婆婆，种了一片玉米，其中有一个玉米颗粒饱满，很是出众。收获那天，老婆婆只看了看这个最棒的玉米，并没有把它摘走。它有些着急。第二天老婆婆摘走了其他所有的玉米，还是没摘它。它很难过：我长得这么出色，为什么不要我呢？第三天，第四天，老婆婆没有来，这以后的好多天，老婆婆都没有来过，这个玉米觉得自己被摘走的希望越来越渺茫……它委屈死了。终于有一天老婆婆来到地里小心翼翼地将它摘下来，挂在家里最通风透光的地方。原来老婆婆早就发现了这个与众不同的玉米，她是想用它来做明年的玉米种子呢！这时，它才明白老婆婆不摘走它的良苦用心。

看到这则故事的一瞬间，我觉得它就是专门写给我们这些心浮气躁的年轻人看的！很长时间都打不开的心结，那一刻都消融了。"我这辈子就指望这笑话活着了"，那是赵本山在小品里的戏言，而"我那段日子就指望这故事活着了"，倒是我当时真真切切的体验。这也许就是人们常说的：小故事，大智慧。《读者》杂志之所以畅销，很大程度上就是因为它给我们讲述了不少融入了"大智慧"的"小故事"，至少我是因为这个才买《读者》的。

三

"教师和学生既是说故事的人，也是每个故事的主角……故事也许是通向某些真实的唯一途径。"在人类生活的各个方面，尤其在学校教育的场景中，有很多真实的故事本身就很具教育价值。下面是发生在我们身边的一个真实的故事：

一天下午放学后，有个家长由于种种原因没有接到孩子，便在校门口大闹，甚至骂老师不负责任等。

第二天晨会课，班主任便想就此事做些教育。老师说："孩子们，回家跟家长说一下，下次接不到你们先到学校来找老师，有可能老师正在替你补课，或者正在找你谈话……千万别在校门口闹事，更不能骂老师！"

老师的话音刚落，就有孩子举手了："老师，我妈妈上次也骂了老师的……"面对这突如其来的情况，老师有些手足无措："是吗？"顺便表扬了一句："你真是个诚实的孩子！"就是这表扬惹了麻烦，这时候下面竟然有很多小家伙都把小手给举起来了："我妈妈也骂了老师的……"

故事不必再作过多赘述，我们很容易记住这个故事并且都会有自己的解读：有人会想到孩子的童言无忌，有人会想到家校的沟通理解，有人会想到教师的教育艺术，还有人会想到教师的生存状态……至此，我们所能挖掘到的故事背后的规律、潜质、内涵乃至价值，都一一得到了彰显。故事，绽放着教育魅力啊！

"世界是由故事构成的，而不是由原子构成的。"这是澳大利亚迪肯大学的诺尔·高夫教授说过的一句话。我们无法从科学的角度去验证这句话的真理性，但从人文社会学的视角去考察它，"世界（人类世界）是由故事构成的"，这种判断本身就代表了对人的生命存在的一种本体论意义上的诉求，从这个意义出发，我更加坚信：有一种教育，叫故事。

让数学教育成为美好和愉快的记忆

台湾女作家三毛曾用平淡而独特的语言，描述了一段自己学习数学的悲惨经历，给作为数学老师的我留下极其深刻的印象。

上学的时候，三毛其他学科都很好，唯独数学不太好。她敏感地察觉到数学老师对她的冷淡，她说"数学老师的眼睛像飞刀一样，对我充满杀气"。后来，她发现数学测试的题目都是书后的习题，于是她就将题目背了下来。她的记性很好，这样她连续得了好几次100分，她满以为这样老师就会喜欢她。糟糕的是她的小伎俩很快就被"聪明"的老师看穿了，而且还当着全班同学的面戳穿了她的小伎俩，甚至用墨汁在她眼睛周围画了两个大圆圈，作为对她的惩罚。这件事之后，三毛出现了严重的心理障碍。

有人认为学习数学的这段紧张的经历和痛苦的体验对于三毛而言具有弗洛伊德所说的"童年经验"的性质，直接影响了她成人后的精神发育和发展状况。尽管她一生走过40多个国家，写了20多部作品，但最终未能走出心灵的阴霾。

看到三毛用死记硬背的方法来学习数学，老师给予适当的教育是应该的，但教育的方式的确值得商榷。这是一位严格要求的老师，但是对学生严格要求应该是以爱心、宽容和智慧为支撑的，缺失了这些，严格就会走向严厉、严酷甚至会演变成粗暴。

假如多一点爱心、宽容和智慧，事情完全可以有更好的处理方式。不信，我们看看与三毛境况相似的另一个女作家的经历。

席慕蓉和三毛一样，上学时数学也很糟糕。她数学总是不及格，老师却想了很多办法帮她"过关"，甚至将要考的数学题抄在黑板上，让班上会做的孩子把答案也写在上面，暗示席慕蓉背下来。于不动声色中"放她一马"，让她有条件在更适合自己的领域里振翅高飞。我们姑且不论这是不是最好的方式，但是我们从席慕蓉的回忆中看到，数学老师关切的微笑和怜爱的眼神，一并成为她生命中最温馨美好的记忆……

经常会想：假如三毛能遇到席慕蓉的老师，结果会怎样呢？假如席慕蓉也遇到三毛的那位数学老师，结果又会怎样呢？只可惜这世界上没有那么多"假如"……

三毛的故事是个极端，但是在我们的校园中，的确还有一些老师在有意无意地对孩子进行着心理施暴。数学的外表也许是冰冷的，但数学教育应该是充满温情的。因为教育首先应当是人的教育，数学老师的眼里首先得有人。

许多学术研究的调查结果都显示，数学是学生在学校里最厌恶的学科之一。我们数学老师难道不应该感到汗颜吗？为什么很多学生回忆起学校里的课程，总是对数学老师厚厚的镜片和似乎永远也做不完的习题皱起眉头呢？这值得我们所有的数学老师深思！数学教育行为不能仅仅考虑教育者的意图，更要倾听被教育者的心声。我们应该努力让学生在离开校园以后，对所受的数学教育拥有美好和愉快的记忆，这种记忆既包括深刻的思想、凝练的公式、有趣的图表，也应该包括老师幽默的话语、微笑的眼神和善意的提醒。

新的数学课程标准明确提出：数学教学活动，特别是课堂教学应激发学生兴趣，调动学生积极性，引发学生的数学思考，鼓励学生的创造性思维。学习评价既要关注学生学习的结果，也要重视学习的过程；既要关注学生数学学习的水平，也要重视学生在数学活动中所表现出来的情感与态度，帮助学生认识自我、建立信心。这些理念转化为全体教师的自觉意识和积极行动也许还需要一段时间，我们可以"期待花开"，让它在教育发展的过程中，在各种教育思想的交汇中，逐渐地铺展开来，自然地求得解决。但是"让数学教育成为美好和愉快的记忆"而不是"终身的伤痛"，这毫无疑问应当成为我们的共识，而且就在当下，因为这已经触及教育的底线了！

等待很重要

有一位著名的节目主持人在一个谈话节目中设置了这样一个情景：一架飞机满载乘客，飞行途中没油了，可飞机上只有一个降落伞。他问参与做节目的孩子："你看这伞给谁用？"孩子几乎不假思索地回答："给我自己用。"这时，台下一片骚动，很多观众想：多么自私的孩子啊！可是主持人没有急于下定义，而是蹲下来，耐心地问孩子："为什么呢？"孩子满脸泪水，清晰地说道："我要跳下去，找到油后，回来救飞机上所有的人。"

这位主持人是一个善于倾听者，由于他的细腻，让大家听到了一个幼小躯体里高尚灵魂的独白，也让那些当初急于评定孩子的人感到惭愧。

这个故事讲的是：我们要耐心等待，给点时间让孩子说说他们的想法，才能真正了解孩子的世界，才能与他们的思想一起漫游，而不是拔苗助长似的牵引，总急于用成人的世界去理解孩子的世界。其实，生活中，孩子有很多方面比我们大人要纯洁得多、可爱得多、强得多。孩子的同情心比大人强，孩子的神圣感比大人强，孩子的想象力、创造力要比大人强。

我在澳洲小学观摩了一节一年级数学课，老师出了一道题给学生，每个学生收到后把题目贴在自己的数学练习本上。题目是：每棵树上有3只小鸟，4棵树上一共有几只小鸟？课室里一片沉静，好多孩子看完题后，开始独立思考。大概3分钟后，有的孩子在练习本上画出4棵树，然后在每棵树上画3只小鸟，再用小手点着小鸟挨个数，最后在练习本上写下

3+3+3+3=12；有的孩子直接画 4 个大圈圈，再在每个大圈圈里画 3 个小圈圈，列式 3×4=12。我在课室里转了一圈，发现每个孩子都能用自己的方式得出 12 只小鸟的结果。整个过程老师没有给出任何引导和提示，孩子自己审题，自己想办法计算，所花的时间相对长久些，但是在老师耐心等待的时候，孩子还是能通过自己独立思考、独立研究，解决问题。

在国内，还有不少教师在课堂教学出示题目时总是急着带领孩子读题、审题、解题，剥夺了孩子独立审题、独立思考的机会，造成孩子的学习没有个性，没有独创性。实际上，只要我们给孩子足够的探究时间，即使不给任何提示或启发，孩子也能自己独立解出答案。

教师要善于等待学生，欣赏学生，倾听学生，向学生学习，要和学生一起成长。

还有不少家长喜欢陪孩子做作业，喜欢给孩子读题，喜欢给孩子提示，长此以往造成孩子依赖性强。家长这样做是为了省事，不愿意等待孩子"慢慢读题，慢慢审题，慢慢分析，慢慢计算，慢慢解答"这样吃力的自我学习、自我成长的过程，于是包办孩子的学习。帮助孩子读题是省事，因为孩子太慢了，等他读完，时间已经过了；帮助孩子做作业，因为已经太晚了，影响睡眠；家长是省事了，孩子好像也省事了，省掉了自己读题、审题、解题的学习机会。

"学会等待"是优秀教师成熟的标志；"静待花开"是聪明家长睿智的标志。只有弯下腰来，才能真正看到孩子眼中丰富多彩的世界，真正感受到孩子的内心世界。学习和成长都需要孩子自己去面对。因为教师的着急，因为家长的省心，会让孩子失去自己跳一跳能够到的成果，也会失去证明自己能力和学习的机会。让我们学会等待，给孩子足够的时间和空间，给孩子一个无限可能的未来。

让教科书不断走在美好的路上

国家基础教育经历了八次课程改革，从喧闹归于平静，从浮躁走向理性，从一味推行到自我反思、调整、修正，从以前的教学大纲到现在使用的学科课程标准。教育要发展，改革就得深入。任何变革都是社会发展的需要，对于学科课程改革也一样，当今社会的发展，促进了课程的改革和发展。教科书既是课改的具体体现，又是课改的载体。现行义务教育课程标准实验教科书改变了以往课程内容的"繁、难、偏、旧"，加强了课程内容与学生生活以及现代社会和科技发展的联系，更加关注学生的学习兴趣和经验，精选了终身学习必备的基础知识和技能。目前我国教科书已经从以前版本的单一走向多样化，就拿小学数学这门学科的教科书来说，既有最为普及的人教版，又有北师大版、江苏版、现代小学数学等，这些版本的教材编写理念也越来越与国际接轨。但是近来由国家审核的最权威最严肃的课改实验教科书不断在报刊上被人指出其错漏之处，这需要引起编者的重视，同时要为教科书使用者提供反馈的渠道，以促进教材建设工作的改善。

一

纵观从小学到高中的各学科课改实验教科书，我们总会发现存在这样那样、或多或少的问题，其中包括部分排版印刷错漏、个别词语使用不当、个别标点符号不妥、个别句子语法错误、个别情境脱离学生实际、个别表述含糊不清、教科书设计个别缺乏人性化等。下面简单罗列我执教小学数学时教科书中几个常见的错误。

1. 牵强的情境

如下图是小学数学北师大版《前后》一课，教材创设了动物赛跑的情境来引出"前后"这一知识，大家都知道比赛需要的是绝对位置，看谁第1名、第2名，不是相对位置"谁在谁后面或谁在谁前面"，让人推敲到底谁拿冠军。教科书用这个赛跑情境来引出前后，过于牵强，不利于学生对前后知识的学习与体验。它提醒编者创设的学习情境应该是有利于探究知识的场景。

五　位置与顺序

2. 疏忽的细节

如下图是北师大版一年级《可爱的企鹅》一课后面的练习题，让学生说一说再填空。根据图意，左边是9-3，右边是9-5，两个式子完全不同。教材只提供一个式子让学生填补，试问一个式子能满足两幅图的要求吗？这容易引起学生误会两幅图列的式子相同。

3. 忽略了经验

如下图是小学数学人教版新课标教材三年级上册第 115 页的题目，教师用书上该题的参考答案是 3 乘 2 等于 6 条路线，这是我们成人世界中的唯一答案。而孩子们最为集中的答案是"6 条路线或 3 条路线"。怎么会只有 3 条路线呢？孩子们理解题目要求数的路线必须是从儿童乐园经过百鸟园到猴山的路线，而"经过"就是"穿过"的意思，即"一定要进百鸟园里面，再出来"才算经过，这样就把从百鸟园到猴山的 2 条路线否定了一条，3 就乘不了 2，只能乘 1 了。建议教材提供的图一定要考虑孩子的感受和经验，避免出现歧义。

2. 从儿童乐园经过百鸟园到猴山有多少条路线？

再如下图是小学数学北师大版四年级下册第 24 页的练习题。难道该题就因为凳子与小孩的高度和为 1.7 米，孩子就拿不到这顶帽子吗？实际生活中我们完全可以伸伸手、踮踮脚或者跳一跳，把帽子摘到，本题考虑显然不周全。提醒编者在编制教科书时，一定要多联系生活实际。

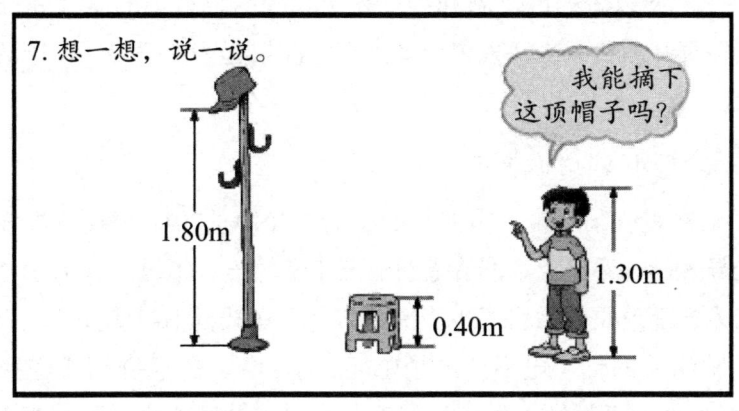

7. 想一想，说一说。

我能摘下这顶帽子吗?

1.80m

0.40m

1.30m

二

为什么最权威最严肃的教科书还会出现上面的错误呢?

教科书一般都是由国家组织专业人士根据课程标准有计划地进行编写、审核、出版和发行，在一定程度上具有公共性、统一性和权威性。教科书的编写人员通常都具备极高的专业素养和敬业精神，但在编写过程中，无论他们多么细致、敬业，总还是难以避免人为的疏忽错漏；整个编写过程中，教科书选辑内容不公开；教科书的使用主体——师生的意见没有反馈的渠道，造成建议难以抵达；缺乏公开检验与审核等无不让教科书编写陷入"闭门造车"的困境；每次课改教科书在推广前都会在实验校试用修正，而这些课改实验校通常办学质量较高，代表性较低，缺乏考虑各地区特色和各类办学水平的学校。这样当教材被广泛使用时，有了更多教师、学生和家长的参与，由于地方特点等因素，在使用过程中就会逐渐暴露出教材审核没有发现的问题。

三

任何实验或改革过程都会碰到这样或那样的问题，需要我们共同努力修改完善。教科书作为我国基础教育课程改革的重要体现，将进一步走向多样化和市场化。如何避免上述提出的"牵强的情境、疏忽的细节、忽略了经验"几点呢？要以怎样的措施和制度来保障提高教科书的编写和出版质量呢？这就需要让教科书在研发者与实践者之间架起一座桥梁，便于两者间的互动交流。

1.让教科书成为一张名片

怎样架这座桥梁呢？一次偶然的机会，2010—2011年我被教育部选派到香港指导教学，看见了下图香港新亚洲小学数学一年级上A教师用书，这给了我启发，那就是让教科书成为一张名片。在教科书封底标注"出版社和教科书编写组的网址、电话、电子邮箱、QQ群、微信群扫描码和通讯地址"，这样也就便于教师、学生和家长在使用教材时，有渠道反馈使用的情况或问题。

让教科书成为一张名片，为教科书研发者与实践者架起一座桥梁，使所有教科书的使用者有一个反馈的渠道，不断完善我国基础教育的课改教材。

2.让教科书在网络安个家

课改实验教科书的编写，应是多角度、全方位的，而不是单一的；应是开放的，而不是封闭的；应是动态的，而不是僵硬的。基础教育是为每位学生的未来发展和终身学习打基础的教育，是提高全民族素质的教育，不是精英教育、选拔教育，其课程内容和要求应该是基础的和有限的，不能任意扩大、拔高。基础教育不是终结性教育，课程要为学生的全面发展留有充分的时间和空间，以促进学生自主、多样、持续地发展。

现在我国课改实验教科书的版本多元化，要避免出现"牵强的情境、疏忽的细节、忽略了经验"这些错漏，这不但需要编者深厚的专业知识、丰富的生活阅历、细心周密的情景创设和全方位的专业审核，最大限度地降低人为的疏忽错漏，还需要让教科书在网络安个家，把教科书的电子版资料放在固定网站上，开放教科书的编写过程，公开接受各界人士的检验、审核；建立教科书使用的交流 QQ 群和微信群，让研发者与使用者互动交流，不断完善修改教科书中的不足，弥补教科书编者作为成人无法体会儿童世界的不足，还可以及时收集各地反馈的信息。

义务教育课程标准实验教科书的编写、审查、出版和选用中的任何一项工作都会影响教科书质量的提高以及课程教学改革的成功，同时这些工作又是彼此相关、互为影响的。实践是检验真理的唯一标准，让教科书在研发者和实践者之间架起一座互动的桥梁，让实践者畅所欲言，把自己实践中发现的问题反馈给研发者，不断提高和完善教科书的编写质量，让教科书不断走在美好的路上，推进我国基础教育课程改革。

两地教材比较的意蕴

2010 年，我有幸参加"内地与香港教师交流协作计划"。在香港一所驻校和六所网络学校进行教学指导与交流，还到多所香港学校进行了参观学习，目睹了香港不同层次学校的校园风貌，接触了香港各版本的小学数学教材，真切地感受到了香港老师对计算教学的困惑。计算教学是小学数学教学的基本内容，它贯穿了数学教学的各个环节。如果学生计算能力弱，将影响他们对数学的学习兴趣。计算技能、技巧的训练，比较枯燥与乏味，让学生烦恼，也令教师苦恼。如何进一步优化计算的教学策略，发挥其应有的作用与魅力？下面我从内地与香港计算教学的对比来进行分析。

两地课程编排的对比

由于两地小学数学教材版本较多，下面我主要进行内地《小学数学新课程标准》与香港《数学课程指引（小一至小六）2000》中"加、减、乘、除"知识编排的对比。

内地	香港
10以内的加、减法	10以内的加、减法；单数与双数
20以内的进位加法	18以内的加、减法
20以内的退位减法	100以内两位数的加、减法
两位数加、减整十数或一位数的口算	两位数的连加法
两位数加、减两位数的笔算	认识三位数；每50个和100个一数
乘法口诀和口诀求商	三位数的加、减法
有余数的除法	乘法的意义和乘法表
三位数加减三位数的计算	认识四位数
两位数乘一位数	除法认识
倍的认识	五位数
万以内的加、减法	四位数的加、减法
乘数、除数是一位数的乘除法	一位数乘除两位数或三位数
乘数、除数是两位数的乘除法	两位数除两位数、两位数除三位数
	加减和小括号；乘和加、减混合计算

比较：两地教材都十分重视加减法计算基础的"数的组成与分解"的编排，编排顺序大致相同，都是先认识数，从数数开始，再认识数的大小、顺序及分解与组成，最后教学加减法和乘除法计算。

分析：香港教材"单数与双数"在一年级就出现了，内地没有此部分的教学，直到四年级学习数的整除"2倍数特征"才学习"奇数与偶数"。从学生现有生活经验来看，香港安排一年级学习单双数是完全合适的，为后面2个一数作好铺垫，这样学习2的乘法口诀就更容易了。

在乘除法内容安排上两地区别就比较大，内地是分两段教学乘法口诀，穿插相对应的口诀求商，第一段教学1—6的乘法口诀及用2—6的口诀求商，第二段7—9的乘法口诀和相对应口诀求商；而香港则是先完整教学0—10的乘法口诀及乘法应用，再学习除法意义及计算，这样能让学生对乘法有完整的认识，但相比之下，对于口诀的记忆就没有像内地那样分段应用到除法效果好，因为学生在应用口诀求商时，又巩固了学生对乘法口诀的掌握，逐渐达到熟练程度。

而在乘法口诀教学时，内地的安排是"1、2、3、4、5、6""7、8、9"，简单地按数的大小顺序来编排。而香港教材则先学习 2 和 5 的口诀，因为学生 2 个 2 个一数和 5 个 5 个一数容易；然后在此基础上成对学习，如"3 和 6 的乘法口诀""4 和 8 的乘法口诀"，学了 3 再想 3 的 2 倍的 6，学了 4 再想 4 的 2 倍的 8；最后学习 7、9、0 和 10 的口诀。这样编排更符合学生的认知规律。

在除法竖式计算时，学生容易把商的位置写错，尤其是不够商 1 就商 0，通常把 0 忽略了。相比之下，内地比较重视有关 0 的乘除法。此外，内地也重视简便计算，在教学乘除计算后，都安排相关简便计算的教学，既有利于提高学生计算的熟练程度，又能帮助学生形成较强的计算技巧和浓厚的学习兴趣。

策略：通过对两地教材的对比分析发现，两地各有优点，也存在不足。两地若相互借鉴，则效果更佳。比如乘除计算教学的编排，要有香港乘法口诀顺序的呈现方式，又要有内地教材同时穿插相对应口诀求商的教学内容，这样学生学习就能小步记忆和应用，达到轻松学习之效。

两地加减法计算教学对比

1.不进位加法和不退位减法——利用数的组成与分解

比较：从不进位加减法教材编排来看，内地与香港没有太大区别，都是先教学数的认识，再教学数的分解与组成，最后教学加减法。

分析：此部分内容是学习后面所有计算的基础，需要我们教师特别重视，更需要学生能熟练掌握这部分内容。

策略：要想学生快速准确计算不进位加法和不退位减法，就要让学生掌握好数的分解与组成，因为它是加减法计算的基础。

数的分解与组成在教材编写上两地是没有区别的，需要我们注意的是教学板书的呈现方式，要便于学生观察规律，促进学生掌握数的分解与组成。例如教学《10 的分解与组成》，在组织学生分或拿的过程中，培养学生有序地拿或分，可以有效避免重复或遗漏，10 个物体分两堆，每次拿 1 个给左边；学生的汇报可以是随意的，但是教师板书的顺序要在特定的位置上，如右图，便于学生观察，发现左边逐一增加，右边逐一减少。还可以组织些活动，如：手指的分与合，拍手游戏，对口令，学做动作，猜数等。还可以用歌诀记忆："凑十歌：小朋友拍拍手，大家来唱凑十歌，1凑9，2凑8，3凑7来，4凑6，两5相凑都满十，做加做减想到它，又快又对用处大。"还可以利用课前等待教师进课室这段时间，让科代表带领全班把数的分解与组成复习一遍，巩固学生的记忆。

有了这部分知识做基础，学生计算不进位加法与不退位减法就容易多了。例如教学"2+1和5–3"，可以让学生自己思考计算出结果，这个过程中老师要注意巡视和收集学生的方法，结合学生想法，引导学生说"因为2和1组成3，所以2+1=3"，"因为5可以分成3和2，所以5–3=2"。将"数的组成与分解"知识应用到加减计算，既可以提高学生的语言表达能力，又可以帮助他们利用原有知识来解决问题。我们还可以设计以下工作纸，让学生观察规律，利用这些规律来提高学生的计算速度和准确率。

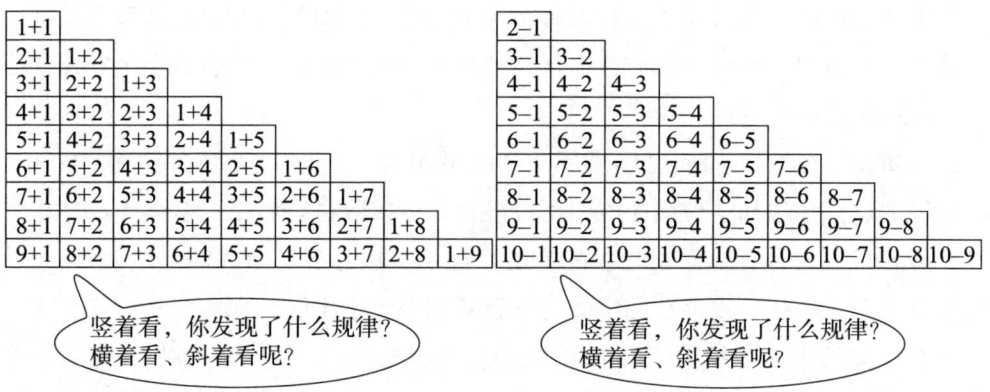

2. 进位加法和退位减法——巧用"凑十"与"破十"法

比较： 香港教材采用延续不进位加法的处理方式，按数的组成与分解的结构来进行有关13—18加减法的教学。内地则是利用前面学过的"2—10的组成与分解"来教学进位加法和退位减法。例如教学《有关9的进位加法》，教材编排如下图。

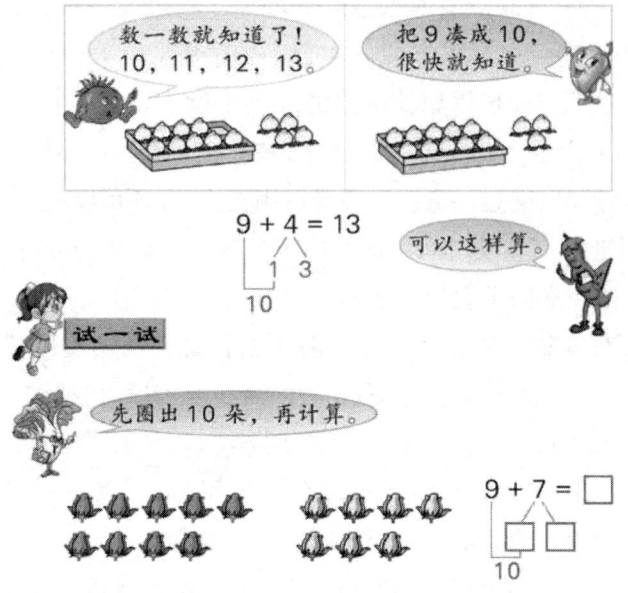

$9 + 4 = 13$

试一试

先圈出 10 朵,再计算。

$9 + 7 = \square$

　　分析:从两地教材的安排来看,香港教材注重问题情境的创设,而计算的方法则由学生自己探索或在教师指导下完成。内地教材则重视计算方法和算理,呈现出各种计算的方法,可以数数、可以凑十,重视引导学生在操作中掌握计算的方法。

　　策略:学生在前面已经学了2—10的组成与分解,所以在教学"11—19"的进位加法和退位减法时,可以根据学生实际进行教学。若学生记忆非常棒,可以选择香港教材提供的方法,继续沿用分解与组成的方法去学习。若学生记忆较差,多个数的组成与分解就容易给学生的记忆造成负担,影响知识提取的速度,我们就可以采用内地的"凑十法"和"破十法",进行有关的进位加法和退位减法的教学。也就是看到9就从另一个加数中先拿出1来,使这个1跟9凑成整十,得出的对应结果的个位数也就比另一个加数少1;看到8就给2,看到7就给3,看到6就给4。以此帮助学生快速计算出结果来。

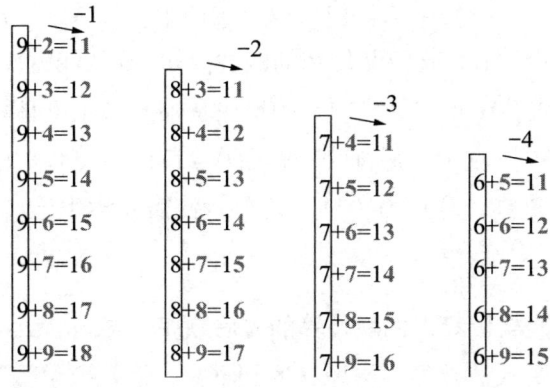

$$9+2=11 \quad \nearrow -1$$
$$9+3=12$$
$$9+4=13$$
$$9+5=14$$
$$9+6=15$$
$$9+7=16$$
$$9+8=17$$
$$9+9=18$$

$$8+3=11 \quad \nearrow -2$$
$$8+4=12$$
$$8+5=13$$
$$8+6=14$$
$$8+7=15$$
$$8+8=16$$
$$8+9=17$$

$$7+4=11 \quad \nearrow -3$$
$$7+5=12$$
$$7+6=13$$
$$7+7=14$$
$$7+8=15$$
$$7+9=16$$

$$6+5=11 \quad \nearrow -4$$
$$6+6=12$$
$$6+7=13$$
$$6+8=14$$
$$6+9=15$$

三、两地乘除法计算教学对比

1．乘除法——减少口诀记忆的数量

比较：香港的乘法还存在被乘数与乘数的区别，如 3 个 2 只能写成 $2×3$，不可以写成 $3×2$。内地在课改后，取消了这种区别，乘号前后的两个数统称为因子，如 5 个 2 既可以写成 $2×5$，又可以写成 $5×2$。在乘法口诀表里，香港教材安排了从 0—10 的口诀，而每个口诀有 10 句，共 110 句，内地教材只有 45 句乘法口诀。

香港乘法口诀表

	0	1	2	3	4	5	6	7	8	9	10
0	0	0	0	0	0	0	0	0	0	0	0
1	0	1	2	3	4	5	6	7	8	9	10
2	0	2	4	6	8	10	12	14	16	18	20
3	0	3	6	9	12	15	18	21	24	27	30
4	0	4	8	12	16	20	24	28	32	36	40
5	0	5	10	15	20	25	30	35	40	45	50
6	0	6	12	18	24	30	36	42	48	54	60
7	0	7	14	21	28	35	42	49	56	63	70
8	0	8	16	24	32	40	48	56	64	72	80
9	0	9	18	24	36	45	54	63	72	81	90
10	0	10	20	30	40	50	60	70	80	90	100

内地乘法口诀表

一得一								
一二得二	二二得四							
一三得三	二三得六	三三得九						
一四得四	二四得八	三四十二	四四十六					
一五得五	二五一十	三五十五	四五二十	五五二十五				
一六得六	二六十二	三六十八	四六二十四	五六三十	六六三十六			
一七得七	二七十四	三七二十一	四七二十八	五七三十五	六七四十二	七七四十九		
一八得八	二八十六	三八二十四	四八三十二	五八四十	六八四十八	七八五十六	八八六十四	
一九得九	二九十八	三九二十七	四九三十六	五九四十五	六九五十四	七九六十三	八九七十二	九九八十一

分析：由于香港乘法口诀太多，造成学生记忆负担较重，提取速度也就相对较慢。

策略：乘除法计算要想快，乘法口诀就要熟记。当我们用香港教材教完"0—10"的乘法口诀后，可以帮助学生一起整理乘法口诀表，在整理之前，可以先让学生明白"一句乘法口诀可以处理两个乘法式子"的道理。然后引导学生观察乘法口诀表，把重复使用的删去，如：0乘任何数都得0，就可以拿走0的乘法口诀；10的口诀是在1的口诀基础上添0，可以拿走；1乘任何数都得本身，也可以拿走；后面2—9的乘法口诀中，相对应的横排与竖排重复，可以保留1排，拿走另一排。这样就使需要学生记忆的口诀减少了。

2.竖式计算——建立"图式言"三联系

比较：乘法竖式计算，两地计算的先后顺序不同。

分析：除法竖式的教学，两地就区别不大，但是教学除法之前，香港教材安排了《分东西》这样一节准备课，让学生在分物体中感悟"分东西的总数、被分掉的数、剩下的个数及它们之间的关系"，这是内地教材所没有的。

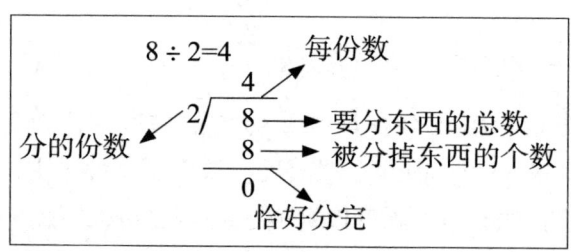

对策：乘法竖式计算，内地是从右边乘起，学生也只会从乘数的个位乘起，再把两次乘得的积加起来。香港则从左边乘起，但是由于香港是一个国际性都市，课堂上学生的计算出现了以下几种情况（见下页）。这么多种计算方法，是我原来没想过，也没碰到过的，在香港出现了。再细细比较，我们不难看出，内地乘法计算的竖式更简便，计算的步骤通常是151乘以23，先从乘数的个位乘起，先用乘数个位上的3去乘，乘得积的末位对齐个位；再用乘数的十位上的数去乘，乘得积的末位对齐十位。这种方法好处是竖式简便，但学生要小心处理数位的对位问题，否则容易出现数位写错，而造成计算的错误。香港的计算，在竖式里还要添0再计算，虽然看起来书写复杂了，但是学生在计算时书写数据的数位不容易错，同时香港从乘数的高位乘起，恰好符合估算、速算的习惯，所以从高位乘起来，便于学生把握乘积的位数个数，从而提高学生计算的准确性。

→	↕	←
23	23	23
× 151	× 151	× 151
2300	1150	23
1150	2300	1150
23	23	2300
3473	3473	3473
从乘数的百位	从乘数的十位	从乘数的个位
（左边）乘起	（中间）乘起	（右边）乘起

		内地
→	←	←
23	151	151
× 151	× 23	× 23
3020	453	453
453	3020	302
3473	3473	3473
从被乘数的十位	先调换乘数与被乘数的位置，	内地把 0 省
（左边）乘起	再从乘数个位（右边）乘起	略不写

除法竖式计算与乘法竖式计算相比，显得困难。既要找商、试商，还要调商；既有乘法计算，又有减法计算；还要注意商的对位问题。可以设计以下题目（见下页）让学生思考，第一行两道题目是考学生看被除数和除数来确定商是几位数。第二行的两道题目是反过来思考除数，被除数都是 238，若要商是两位数，那么除数可以是哪些数？若商是一位数，除数又可以是哪些数？通过这样的题组来训练学生定商的位数，避免商位置写错。教学除法，要让学生结合实例掌握除法意义和各部分名称。像香港教材前面已经学习了分东西，那么教学除法时就可以把这知识联系起来理解各数量的关系，如"要分东西的总数"相当于除法中的"被除数"，"被分掉东西的个数"相当于"除数"，"东西平均要分的份数"相当于"除数"，"每份分到东西的个数"就是要求的"商"；最值得注意的是"在分东西的过程中，每次都要看剩余的个数能否还可以继续分"，帮助学生理解"每次除得的余数必须比除数小"。

> 重点训练学生对商最高位的确定，知道商的位数才能准确在相应位置上写商。
>
> $$34\overline{)238}\qquad 14\overline{)238}$$
>
> $$□□\overline{)238}\qquad □\overline{)238}$$

在教学除法竖式时，我们要变哑巴数学为可以说的数学，让学生在说思路的过程中明白计算的算理。如教学"738÷26"时，我们就可以引导学生这样说思路，边说边写竖式：738除以26，除数是两位数，先看被除数前两位数，73÷26商2，在十位上写2；做乘法，二六十二，二二得四，再加上进上来的1得5；做减法，73-52余21，再把各位上的8拉下来，想218除以26商8，在个位上商8，做乘法六八四十八，二八十六，再加进上来的4得20；做减法218-208余10，所以738除以26等于28余10（最后这句话是帮助学生完成横式得数的书写，这是学生最容易遗忘的一步）。

$$738÷26=28\cdots10$$

$$
\begin{array}{r}
28 \\
26\overline{)738} \\
52 \\
\hline
218 \\
208 \\
\hline
10
\end{array}
$$

实践证明，学生计算能力的培养是小学数学教学的一项重要任务，是每个人必须具备的一项基本素质。我们可以结合两地教材编写特色，注意培养学生良好的计算习惯，尽量让学生品尝到计算的快乐，从而真正体现"以学生为本"，使我们的计算教学从枯燥走向生动，从平庸走向精彩！

8　戴曙光卷

写教案与上好课

十几年前，我在老家一所学校任教。学校教学管理的最重要的一项工作是检查教案和教案评比，将此作为年度考核的重要依据。老师们上交教案、教务处检查教案的前几天，是老师最忙乱的时间，大家"分田分地真忙"，日夜不停地赶写教案，说白一点，应该是抄写教案。检查教案主要从三个方面入手：一是数一数教案的篇数；二是看一看是详案还是简案；三是看结构是否合理，字迹是否清楚。写教案，用去了老师不少的时间，爱它真的不容易！

写教案的目的是什么？写教案就是备课吗？不写教案能否上好课？为什么要检查教案？我经常思考这些问题。

教案的目的是为了上好课，写好教案有利于上好课，但不等于真能上好课；上好课一定要备好课，没有备好课一定上不好课，备好课不等于写好教案，备课要备教材、备学生，制作PPT，再加上长期积累形成的教学思想与教学理念。写教案是体现备课的文本形式，如果教案写出来了，有些是借用名师的教案，有些是抄袭别人的教案，没有内化于教师自身，那么也是上不好课的。

因此，按照上面三个指标检查教案，是达不到"上好课"这个目标的。要上好课，关键要备好课，个人备课与团队备课的效果是不一样的，个人备课出现的问题，有时上完课都发现不了，团队备课汇集多个"脑袋"的集体智慧，确保课堂质量的底线。尤其是年轻教师，在团队备课中，吸取经验丰富的教师和优秀教师的养料，对自身成长极为有利。

个人备课相对自由，而集体备课需要有集体时间，会不会增加教师的工作负担？这也是一个要考虑的问题。

集体备课也应该建立在个人备课的基础之上，把一个单元里的课时分配到备课组的每个人，每个人将所备的课与同伴分享（PPT 制作、片段教学、作业设计等），同伴提出意见修改，形成共享教案。每个人备课的量减少了，就可以做到精备。学校安排的教研时间不流于形式，用在集体备课上，对于每个教师来说，工作量相对平衡，但效果却不一样。如果没有经过集体备课，共享教案就无法内化到每个教师心里，这样的共享教案就发挥不出真正的作用。因此，做好集体备课是教学部门（教研组特别是备课组）的重要工作。

集体备课是为上好课服务的，备好的课需要落实到课堂上，落实到学生的大脑中，让学生在课堂学习中理解更快一些，体验更深一些，能力更强一些，心里更乐一些。集体备课虽然能保证课堂质量的底线，但由于教学观念、教情学情、教学功底等差异，课堂质量还是会有差异的，因此，提高教师的课堂教学能力是教学部门最为重要的工作，而提高教师的课堂教学能力需要教学培训与教学研讨。

综上所述，一节好课与备课有直接的关系，与是否写教案没有必然的关联，一节课没有写教案并不表示没有备课，没有写教案也不表示就上不好课，上好课的条件是教师要心中有数。现在的问题是：既然上好课与写教案没有必然的联系，那学校为什么要求老师写好教案并上交呢？它的意义何在？

教案与课件作为集体备课的两项成果保留下来，为自己与别人积累资源，学校里的每位教师任教下一年级时，备课就不会从零开始，而是站在别人的肩膀上达成目标，省时又省力。新的年级组老师在上一届教师积累的教案基础上备课，修改教案，修改后的教案再保留下来，成为新的教学资源，供下一届老师备课、修改使用……教案质量越来越高，课堂质量也越来越高。因此，把集体备课修改后的教案与课件资源保留下来，也是教学部门为后续教学工作产生"利息"的一项重要工作。

集体备课,值得做!培训与研讨,值得做!资源积累,也值得做!只有这样,"做在前面、想到后面、不留尾巴"的行事风格在教学工作中才得以体现。

我们共同努力!

好习惯为何难养成

在北师大海沧附校工作期间，教育局德育科的国滨兄打来一个电话，反映学校旁边的兴港路有学生横穿马路，学生处高峰主任当天中午在那蹲守，统计有 9 位学生有此劣行。

我想：这 9 位学生应该不会是第一次横穿马路，如果经常横穿马路，发生事故的概率很大。

我又想：学生横穿马路的坏习惯是怎么养成的？哦！高峰老师发现，学生都是在其家长唆使下横穿马路的，没有一个是自己穿过去的。坏习惯不是学生自己养成的。

我再想：难道家长不清楚唆使孩子横穿马路的后果？高峰老师说，家长对于老师的劝导甚是奇怪："你们老师管学校里的，学校外的，你们也管？"

是呀！学校里的老师管，学校外的谁管呢？

学校外的老师确是无能为力！

也许，学校里的老师也力不从心！

在外工作 20 多年，为孝敬老人，除了两次搬新家未回老家过年，其余都在老家过的年，随着夫人的几个妹妹陆续结婚生子，老家可热闹了，但也给我这个爱清静的人增添了许多烦恼。

幼儿园快毕业的孩子一日三餐大人哄着吃，半天进不了一口饭，这矫情让我很生气，不知道孩子在幼儿园里是否也这样，肯定不会，因为没有人哄，也就乖乖地吃完了，这种矫情是哄的人惯出来的。饿了自然想吃，是人的本能，要哄着吃，可能不饿，如果不饿，为何要吃？不用哄了，等饿了就想吃了。另一可能是饿，本来也想吃，但习惯于要大人哄。哄的人心急，生怕被哄的人饿肚子，哄着吃饭的习惯就养成了，孩子已经不习惯没人哄着吃饭。

2016 年春节回家，一路劳累，回到家想睡个好觉，不承想几个小屁孩根本不让你把觉睡好，乱喊乱叫，上下楼梯震天动地，对我这个大姨丈没有一丝敬畏之心。气愤之余，我在想：也许不是故意的吧！应该不是故意的。夫人专为这事开了一个家庭会议，重申学校规定：上下楼梯要慢步轻声。过后的几天时间里，孩子们严格遵守家规（校规），家里安静了许多。

我又想：孩子的父母是否也告知过孩子"上下楼梯慢步轻声"？应该告知过，因为他们也经常遭遇这种骚扰，也曾睡不着觉，为什么无法让孩子"上下楼梯慢步轻声"呢？凭我多年的观察，现在的父母越来越没有"原则"，祖传的家训（信仰）越来越缺失，他们放松自己的理由是"孩子还小，不懂事"。对孩子的教育只是口头上说说而已，也没当回事。

记得小时候家里来了客人，父母亲忙着杀鸡杀鸭招待，还未开宴，我就抢着抓起一只鸡腿往口里塞，母亲看见，用筷子狠狠地抽我的手，厉声呵道："客人还没吃，你怎先吃？"这就是客家人待客的"家训"，至今牢牢地刻在我心里。

"孩子还小，不懂事"成为家长们放弃"原则"的理由，那么，孩子们长大后就懂事了吗？事实已经摆在我们面前。

中国游客在国外餐厅乱喊乱叫，如入无人之境；中国游客大闹外国机场，尽显飞扬跋扈之气势；中国游客爬上名人雕塑拍照，毫无敬仰之心……这些都使我们这个"礼仪之邦"脸面全无。

这些成年人懂事吗？不懂事。

孩子们本可以懂事，之所以不懂事，全因成年人的不懂事。

2017 年暑期去了一趟芬兰，在一个中国餐厅吃自助餐，旁边有一对年轻的芬兰夫妇，带着三个孩子，哥哥自己走，母亲牵着弟弟走，父亲抱着最小的妹妹，弟弟妹妹被安置好，由哥哥负责照顾，等父母为弟弟妹妹准备好饭菜后，三个孩子拿起碟子自助用餐，一直很安静。

芬兰 PISA 测试，世界排名第一，创造了芬兰教育的奇迹。追寻"奇迹"，我们走进课堂，不禁感到失望，在课堂里找不到"奇迹"，可以说，还比不上我们经常听的国内公开课，课堂是那么的朴实，连我们常用的 PPT 都没见着，只有师生间的对话。

在芬兰的学校里，看不到带"红袖章"（或其他标志）的"督导队员"和带值日标志的值日（周）教师，那学生的道德（行为）规范，谁来管呢？

无须学校多管，因为社会（家庭）承担了给每个人最基本的规范教育，学校提供的是更加适合个人成长的教育。

如果要说芬兰教育有奇迹，其奥秘在于教育是全社会的教育，而不是单纯的学校教育。因此，无须在校待那么长的时间，学生上课时间少，在校时间只有 4 小时，业余活动多，难怪有人称，芬兰教育是全世界最便宜的教育，因为家庭、社区、社会承担了教育义务。

怪不得学校天天讲、月月讲、年年讲习惯，学生就是养不成好习惯，原来学校外不唱赞歌，却有反调。芬兰的学校没有围墙，它是社会中的一个单位，我们的每个学校都有高高的围墙，围墙内与围墙外可以不同，家长的一句"你们老师管学校里的，学校外的，你们也管？"印证了家校教育的不同。

这种不同非常危险，它让孩子无所适从，学校里听老师的，学校外听家长的，慢慢地，慢慢地，人就变成了两面人，所谓"白天是教授，晚上是野兽"的酒桌玩笑一语中的。

你要说家长不重视教育，没有人认同此观点。在中国历史上，当今家长是最重视教育的。在我的老家，农村 90% 的家长把孩子送到城里学校就读，在城里租房子陪读；许多家长千方百计地买学区房、转户口、托关系把孩子送进重点学校；对教育的投入也是前所未有、拼尽全力。

家长不是不重视教育，而是不知道如何教育。也许家庭教育与学校教育不在同一条道上，孩子无所适从，很容易自己走一条道，一条危险之道。

这样，学校又承担起了另一份本不应该承担的责任，既要教育孩子，又要教育家长，因为家长没有教育好，课程改革势必因来自家长的阻力而变得异常艰难。

可能学校一边重视家庭教育，引导家长同走一条道；一边重视培养现在的孩子，特别要重视女性教育，因为培养好了一位女性，就能成就她的下一代，才会一代比一代强，中华民族伟大复兴的中国梦才能实现。

因此，学校教育应紧紧地抓住两条主线：一是家庭教育主线，二是课堂教学主线。

数学教师更需补上阅读这一课

十年前，我所在的学校为了鼓励与引导教师阅读，培养阅读爱好者，成立了读者协会，举办阅读沙龙，但参与者大多是语文教师。似乎阅读之事，天然是语文教师的事儿；似乎引导学生走进阅读世界，学会阅读，爱上阅读，是语文教师日常工作的重头戏。

其实，引导学生走进数学阅读的世界，数学教师也责无旁贷。而与符号语言打交道的数学教师同样需要阅读。我之所以特别强调数学教师在教书的过程中不应忘记读书，是因为我深刻体验到：阅读，是我专业成长中不可或缺的秘密武器。

回顾与反思名师的课堂，你会被他们的教学艺术折服：有内涵，有张力，让人回味无穷；有思想，有深度，让人终生难忘。当你静下心去研究不同名师的课堂，就会发现，名师的课堂虽各具个性与特色，但其成功的共性规律，即课堂的背后是教师的修炼，而教师修炼的主要方式是阅读。是阅读让他们把数学与科学接轨，与艺术融合。

如果你想提高自身的专业素养，不断从教学中获得专业尊严，但你又在忙碌的工作中，日渐与书本疏远，那么，我建议你，赶紧补上阅读这一课。怎么补呢？在我看来，数学教师的阅读是综合的艺术，不妨从以下三个层面"补课"。

一、"补高"

数学教师需要读通课标，读透教材，读懂学生。读通课标，才能找准数学教学的方向；读透教材，才能明确教学目标和重点难点；读懂学生，才能制定适合学生的教学方案。课标与教材是"实"的读物，学生是"活"的读物，读懂学生，需要读儿童教育学与儿童心理学等理论书籍，掌握儿童的认知规律、成长规律，包括儿童生理、心理的发展规律。补上教育理论书籍这一课，可让你的教育教学工作高屋建瓴、深入浅出、游刃有余，所谓"补高"也。

二、"补短"

此处之"短"，特指两个方面：第一，就学科教学而言，无论你多厉害，你在本专业的教学实践中，总有自己的"短板"或瓶颈。突破的有效途径就是钻研本专业的书刊，与高手为伍，吸取他们成功的教学经验，提高数学教学能力。第二，囿于数学教学严谨性、科学性的学科特点，数学教师往往拙于表达，教学语言准确无误，却干瘪无味，难以吸引学生。要想让数学课像磁铁般吸引学生，最好的办法是大胆"跨界"，善于"取长补短"，比如，数学教师可读一些语文名师的书，尤其是他们的精品课堂实录，"偷学"他们的课堂语言，让自己的课堂语言生动起来。

三、"补宽"

除了专业书籍，数学教师应广泛涉猎，读一些哲学、社会学、经济学、文学等方面的书籍。数学教师的视野宽了，就能从教学走向育人，实现从教知识与学知识到培养人的转变，就能从学科认识上升为课程意识，拓展教学的宽度、厚度与深度，就能站得高，望得远，不仅教在当下，且能成就未来。

当然，数学教师要提高自己的专业素养，还可以参加学校或教育部门组织的培训、区域教学研究活动、教学技能比赛等。参加这些活动受经费、人数和时间的限制，机会不会落到每一位数学教师身上，但阅读的机会是公平均等的。培训内容、教研成果、技能提升均可从阅读中实现，因为阅读可随时随地独立完成，节能环保，趣味无穷。

9   丁玉华卷

教师，请做那一块适中的礁石

孩子有一百种语言，

一百只手，一百个念头，

一百种思考问题的方式，

还有一百种聆听的方式，惊讶和爱慕的方式。

……

这是《读者》上的一首小诗《其实有一百》。在跟活泼可爱的孩子们相伴走过新课改四年的日子里，用心聆听、用心感受、用心阅读他们，我确实相信了，孩子真的"是由一百组成的"。他们有着100种思考问题的方式，常常使我惊讶，令我折服！

上课的预备铃响了，孩子们像是归巢的鸟儿纷纷飞回了教室，快步走在通往教室的走廊上，心里一直还惦记着这天练习课的内容，那是北师大版四年级上册第五单元"除法"练习七的第3题：

3. 在学校的运动会上，四（1）班的同学取得了优异的成绩
（获奖人数见下表）。为此，班级家长委员会奖励 350 元给他
们购买奖品，下图是几个中队委员正在采购奖品，请你帮他
们设计一种购买方案并说明理由。

第一名	3人
第二名	4人
第三名	6人
鼓励奖	12人

毋庸置疑，新课标版数学教材非常注重解决问题策略的多样化，也给学
生提供了更为广阔的自主探索的舞台。不难发现这是一道开放性综合问题，
配套教参启发学生思考的方向是：如果对每位获奖者奖励一件奖品，共需要
购买多少件奖品？按照总数 350 元算，平均每件奖品多少钱？然后考虑，不
同名次应得到不同的奖品，名次高奖品要贵一些，该怎样进行调整？

昨晚还有家长特意打电话到家里寻求解答这道题的"最佳"答案，在家
长的眼里好似 350 元全用光了那才叫"皆大欢喜"。其实心里明白每个孩子
的购物方法都可能不尽相同，只要设计合理，符合题意即可。可是头顶上却
也掠过一缕愁云，"难道不可以 1 元都不剩吗？"眼下这 350 元像是变成了
烫手的"山芋"，真是道有趣又具挑战性的题目！

上课的铃声把我的思绪拉回到课堂上，说心里话我今天并不成竹于胸。
一直以来最欣赏孩子们的"出彩"表现，那些充满智慧、闪现思维火花、萌
发"再创造"的课堂，常常令我激动不已。今天又将会有怎样的惊喜呢？真
是令人期待……

突然兴起，我随手在黑板上画了一个大大的滑稽笑脸。"今天这节课，咱们来个智慧大比拼，炫一炫，看看谁是个出谋划策的高手。"话音刚落，教室的气氛立即变得温润起来，孩子们都乐了，个个来了兴致，都犹如骄傲的公鸡般抬头挺胸，教室里已是小手林立。

方案1

林晓东：

第一名　1副羽毛球拍　3人共计：35×3=105（元）

第二名　计算器1个　4人共计：22×4=88（元）　合计349元，

第三名　铅笔盒1个　6人共计：18×6=108（元）　还剩1元

鼓励奖　圆珠笔1支　12人共计：12×4=48（元）

"剩下的1元，让我们班献点爱心，就顺便投到超市红十字会的捐款箱好了。"

真是语惊四座，同学们为他精心设计的方案所折服，情不自禁地给予他热烈的掌声。

方案2

卢鹏：

第一名　1个计数器+3支圆珠笔　3人共计：（22+4×3）×3=102（元）

第二名　1个计数器+1支圆珠笔　4人共计：（22+4）×4=104（元）　合计

第三名　1支钢笔+1支圆珠笔　6人共计：（12+4）×6=96（元）　350元

鼓励奖　1支圆珠笔　12人共计：12×4=48（元）

"瞧，这350元一元不剩！"

多么开阔的思维呀！所有的学习障碍在孩子巨大的潜能面前，都是微不足道的。哈哈，教参思考的方向变成了为人师者的"绊脚石"，他那敏锐的观察力、那独特的角度令我汗颜，很多都是我事先没预料到的。

方案 3

区耀强：

第一名　1 个计数器 +1 支钢笔　　3 人共计：(22+12)×3=102（元）

第二名　1 个铅笔盒 +2 支圆珠笔　4 人共计：(18+4×2)×4=104（元）

第三名　4 支圆珠笔　　　　　　　6 人共计：(4×4)×6=96（元）

鼓励奖　1 支圆珠笔　　　　　　　12 人共计：12×4=48（元）

合计 350元

"350 元也全部用完！"

哇，他思考的角度又与众不同。这"100 种"思考问题的方式，让我们目瞪口呆，我有点忍俊不禁。每个人的思维关注点不同，思考问题的角度也不同呀！

方案 4

谢绮珊：

第一名　1 个足球　　　3 人共计：40×3=120（元）

第二名　1 个计算器　　4 人共计：22×4=88（元）

第三名　1 支钢笔　　　6 人共计：12×6=72（元）

鼓励奖　1 支圆珠笔　　12 人共计：12×4=48（元）

合计 328 元，还剩 22 元

"剩下的 22 元给班主任买礼物，可以买一个计算器，或买一个文具盒和一支圆珠笔送给老师的小孩。因为每次开展活动她都花费了不少心血，牺牲了很多休息的时间。"

看着她乐颠颠地坐回座位，真没想到，数学可以这般生动。在孩子眼里，有这么多的诠释。我思绪万分，多么纯真又礼貌的孩子，你能拒绝这天使般的童心吗？我不忍去破坏……

有人说，儿童的成长就像一条欢快、奔放而热情的小溪，时而淙淙，时而湍急，一路奔腾向前。我要说，教师就是小溪中的那几块礁石，他们的伫立会让小溪奔腾得更快、更欢。但是如果礁石过小，则不会给小溪的奔走带来什么影响，而如果礁石过大，则会阻挡小溪前行的方向。请做一块适中的礁石吧！对孩子们来说，奔腾的快乐，是其一生中最重要的情绪，是能让他们一生得益的感觉。

　　下课了，望着天真活泼的孩子们在操场上尽情地嬉戏，我舒心地笑了，衷心地祝愿他们健康快乐地成长。

教师，请警惕"职业倦怠"的陷阱

35岁左右是人生的"中途岛"，站在上面看人生，前后各看一半。拥有十多年的职业生涯的中小学教师，走过了激情燃烧的岁月，处于心理衰颓期，容易产生职业倦怠，放松工作和学习。一位大学教授把这类教师的生存状态归纳为这样六个字：忙、盲、茫、繁、烦、凡。这犀利如刀的评论，犹如冷水泼头，发人深省，警人心神。同样有十几年教龄的我脑海中不禁涌现出以下镜头：

镜头一：教室里，"为师者"不是让学生据理力争，任创新的火花迸溅，而是越俎代庖，照本宣科地把知识填进学生的大脑；面对学生的提问，不作细致讲解，反而大声呵斥；忽视因人施教，多数时候都是敷衍着给个答案；没把每一个学生都视为天使，而是有青睐与轻蔑之别……

镜头二：办公室内，"为师者"不是精心备课，就课题与同仁展开认真的探讨，而是眉飞色舞谈论精彩的电视剧情，抑或胡侃一些花边新闻；对于作业，不精批细改，及时总结，集中错误，及时反馈，而是临到检查时抱佛脚，只求完成批改任务；面对屡教不改的学生，只会暴跳如雷，做不到和风细雨，以情动人……

镜头三：工作之余，"为师者"不是视学习研究如生命，苦练基本功，而是跷起二郎腿，"一张报纸一杯茶"，做一个撞钟的和尚；无心与学生交谈，真诚家访，而是想着下班后的卡拉OK和晚上的牌局……

看着如此境况，我的心不仅茫茫然，简直是戚戚焉！的确，许多教师毕业时满怀激情走上讲台，但随着时间的推移，激情不在，懒于学习，惰于研究，大有"无可奈何花落去"之感，跨入了专业发展的"瓶颈"期，倒在了"职业倦怠"的陷阱里。"没有丹心，琢不出美玉；没有细雨，润不了嘉禾；没有智慧，收获不了成功。"为了走出故步自封的困境，我们不妨从以下三方面"修炼自己"。

教育科研的芳草地——"一株思维的芦苇"

教师与教师的差别，不在于学历，不在于教龄，不在于水平，而是在于有没有研究的精神。特级教师钱梦龙说过："人的能力暂时低一些不要紧，但心中的标尺不能低。"爱自己就要栽培自己，教师的生存是一种智慧性生存，教师应该是一株会思维的芦苇。面对纷繁与多彩，我们不该无所适从，应该而且也能够发出自己的声音。

"腹有诗书气自华"。读书是孕育思想的暖房。昨天教完的书，你反思了吗？今天看过的书，你消化了吗？明天需要的书，你阅读了吗？做一位优秀教师的确要有才情，要多一些书生气，多一些书卷气，多一些书香气，要实现这一点，就要大量地读书，"重要理论反复学""紧扣一点深入学""拓宽视野广泛学"，从书本中吸纳，以此来丰富自己，让自己变得丰盈和饱满，拥有背后的深度和广度。在平日的教学生活中，教师的研究不能只是研读专家的理论，照搬照抄式学习借鉴名师的设计，囫囵吞枣，人云亦云，唯唯诺诺；而应警惕"画虎不成反类犬"的情况，学会独立思考，拒绝盲目推崇，审视自我特性，避免东施效颦，把自己所积累的素材及时"保鲜"，养成不断地对积累进行审思的良好习惯，形成自己的思想、自己的观念，进入"源头之水天上来，水满溢涨理念生"的境界。同时，还应时时保持警觉性，常常以陌生的眼光去看待似乎熟悉的教育世界，从而保证能时时刻刻看出新鲜的东西来，比如，重要的课程资源、先进的教育理念、成功的教学策略，等等。

教育教学的百花园——"一位辛勤的蜂农"

好的教学，是让会飞的学生飞得更高，让刚刚张开翅膀的学生也飞起来，让不会飞的学生能够学会跑。有教育智慧的教师，会把复杂的东西教得简单，会把简单的东西教得有厚度。在教育教学的百花园里，教学就好比酿蜜，我们要做一位辛勤的蜂农，用爱的阳光把小蜜蜂们带到花繁叶茂的地方去，呵护着小蜜蜂去采蜜，让它们看到最美的花，采到最好的蜜。

为了实现这一点，研究学生是教师的本分和天职。如何研究学生？这是教师永远的功课。教师的眼中应该是"只有差异，没有差生"。师者如蚌，哪怕眼中吹进的是一粒沙，我们都应该用包容和泪水把它浸润成一颗珍珠。我们需要睁大一双慧眼、搭建一个舞台、建立一套档案、创设一种机制。例如，对性格内向、认真吃苦的学生，教师宜教给他们活学活用、融会贯通的方法，以纠正其死记硬背的倾向；对性格活泼、兴趣广泛的学生，教师宜教给他们深化知识、夯实基础的方法，以纠正其不求甚解的倾向；对学习勤奋、成绩优异的学生，教师应教给他们博学多思、扩大知识面的方法，以纠正其骄傲自满的倾向；对基础薄弱、自卑感强的学生，教师应教给他们制定适宜的目标，正确分析考试失利的原因和改进学习策略的方法，以纠正其自暴自弃的倾向……教师只要勤于研究学生的性格、气质、能力、意志、兴趣等个性特点，就能因材施"导"，从而提高教学行为的有效性。

综合素质的浩瀚海——"一条畅游的鱼儿"

"巧妇难为无米之炊"，教师只有"肚里有货"，才有"生产"的本钱；教师只有让"肚中之货"日趋壮大，才有"生命"的产生，才能让教育教学焕发出生命的活力。教师学识渊博、才华横溢，这样才能拥有教师的个人魅力，赢得学生的喜爱和尊重。教师最忌孤陋寡闻、眼界狭窄、知识结构单一。现代意义上的教师不仅要在所教学科上"深挖洞"，而且要在相关科学文化知识上"广积粮"。因此，"中途岛"教师更需要努力培植自己更丰富的教育智慧，努力不使自己变得迟钝、衰竭、愚蠢、丧失热情，努力从自己的工作中生发更多的生命热度与温情，拒绝倒在"职业倦怠"的陷阱里，而是快步伐朝着一个有意义的生命目标奔去，好好生活，天天进步！

为追求属于灵魂的幸福，功成名就的特级教师窦桂梅还创新不止，年近花甲的教育专家魏书生仍追求卓越……他们厚德载物、心无旁骛，感动你我。感动引领心动，心动更需行动，愿"中途岛"教师都能像鱼儿在综合素质的浩瀚海洋里游弋，享受教育带来的乐趣。

写到这里，想要成为一名优秀的教师似乎太难太难。是的，如果你离"优秀"还比较遥远，那是因为你对你的职业"爱"得还不够深，你独自跋涉的勇气还不够足，你大胆思考和突破的力量还不够大。三尺讲台，亦小亦大。如果你只是把它看成一方普通的讲台，你的生活也许会失去许多乐趣。但是如果你把它看作一方等待你去演绎的多彩舞台，你收获的将不仅仅是乐趣，更是自己存在的价值和意义。

聪明教师与魅力数学课堂

课后闲暇之余，无意翻开学生的课外读物，有则谜语的谜面是"耳到、眼到、口到、心到"，其谜底是"聪"。细细玩味这个谜语，觉得其中蕴含着深刻的道理。"聪"的确是由"耳""眼""口""心"四个部件构成的。由此我想到，一个聪明的数学教师也应具备"灵敏"的耳朵、"明亮"的眼睛、"会说"的嘴巴和"善思"的心灵，因为只有充分调动视觉、听觉、语言、思维的作用，全方位投入，才会耳聪目明，才能让数学课堂成为充满魅力的智慧殿堂。

魅力 1：一对"灵敏"的耳朵——乐于倾听

原音重现：倾听思维之花绽放的声音。

在教学《10 以内的减法》时，靠近那热乎乎的讨论场景，倾听孩子们思维碰撞的声音：

师：（微笑着）树上有 5 只鸟，猎人开枪打死了 1 只，还有几只？

生：太简单了，当然一只也没剩！因为全都吓跑了。（其中绝大多数的孩子赞同地点着头。）

生 1：还有 3 只小鸟。（一个清脆的声音在嘈杂声响起。）

生：怎么会是 3 只呢？不对，不对。（全班哄堂大笑，其他学生也纷纷表示反对。）

师：（用温柔的语调鼓励）你能告诉大家为什么"还有 3 只小鸟"吗？

生 1：（红着脸）因为 5 只小鸟是一家人，打死了鸟爸爸，吓走了鸟妈妈，还有 3 只不会飞的鸟宝宝。

真是语惊四座，同学们为她的回答所折服，情不自禁地给予其热烈的掌声。

生：（受生 1 的启发）还有 4 只。鸟爸爸被坏蛋一枪打死了，鸟妈妈吓飞了，鸟宝宝还不知道害怕，所以没有飞。飞走后的鸟妈妈看到鸟宝宝没有跟过来，就飞回来救鸟宝宝。所以说，树上还剩下 4 只鸟，鸟妈妈和 3 只鸟宝宝。

师：（激动地）多么精彩的回答啊！你真是个有爱心的孩子！

生：树上还有 1 只小鸟，那只中枪的鸟还卡在树上，其他的全飞走了。

生：还有 5 只，中枪的卡在树上，另外的 4 只耳朵不好，没有听见枪声，还在树上呢。

……

凝视着叽叽喳喳的小嘴，我幸福的耳朵静静地倾听着思维有张有弛的孩子们的声音。

启发感悟：

数学课堂是生活的组成部分，是一个充满活力的生命平台。在这个演绎人生的平台上，一群鲜活的生命在一起彼此对话、沟通、交融、分享，尽情享受生命成长的快乐。优秀的教师无一例外都是耐心的倾听者。亲爱的老师，当孩子的回答不在你的标准答案内时，请轻轻地问声"你是怎么想的呢"；当孩子的做法出乎你的意料时，请悄悄地问句"你为什么这样做呀"。当我们怀着深深的谦虚和忍耐，以一颗充满柔情的爱心，竖起灵敏的耳朵，满怀信心和期待地倾听那些稚嫩的生命之音，我们就可以走进孩子们那五彩缤纷、瑰丽神奇的情感生活，去理解、感受他们与众不同的思维方式，去体验、欣赏他们心中的数学世界，我们的课堂也就变得鲜活、生动、理趣、和谐。

魅力 2：一双"明亮"的眼睛——勤于细观

原音重现：让小草和鲜花共享阳光。

在学习《20 以内加减法》时，通过观察我发现：接受能力较强的学生，很快就能掌握算理，熟练计算。然而班里成绩相对落后的学生，即使是借助小棒计算，也要花费很长的时间。当这几位"学困生"完成计算时，其余同学已经完成了很多道题，这种情况无形中给"学困生"造成了心理压力，越紧张就越容易出错。当我走到"学困生"小 A 的旁边时，发现他没有摆小棒，而是看一题，就把左右手一摊，眼睛一看，马上就写出得数，而且计算的结果完全正确。我顺势鼓励他大胆地把自己的算法说给大家听。原来，在遇到计算 10 以内的加减法时，他就把 10 个手指当作 10 根小棒来帮忙；而在计算 20 以内的加减法时，他发现左手 5 个手指加起来有 14 节（大拇指 2 节，其余的 4 指各 3 节），再加上右手的小指 3 节和无名指 3 节，一共 20 节，正好可以算 20 以内的加减法。因为手指上的节数是有规律的，除了大拇指是 2 节，其余 4 指都是 3 节，数的时候比数小棒快多了。听完他边做动作边叙述，另外几个算得慢的小伙伴不禁喜笑颜开，也伸出双手算起来，嘴里还发出"唉，是真的！"……又过了些日子，我惊喜地发现这几位"学困生"已经越算越熟练，不再依赖看手指了。

启发感悟：

"一颗沙子，一个世界；一朵野花，一个天堂。"孩子年龄虽小，其内心世界却是丰富多彩的。尊重孩子既是一切教育的前提条件，也是教育的基本方法和途径，还是教师打开学生心扉的第一把金钥匙。在日常教学中，只要我们拥有一双明亮的眼睛，做一位勤于细观、目光敏锐的观察家，及时捕捉学生思维的火花，适当调整对"学困生"们的要求，多给他们一些机会，多鼓励他们不断努力，他们的思维也会走向成熟。是呀，每个学生都是一幅生动的画卷，他们或许是芬芳的鲜花，或许是婀娜的小草，但愿每位教师都能走进学生美丽的心灵世界，让他们的生命因为有了我们而更加绚丽多彩。

魅力3：一张"会说"的嘴巴——善于导航

原音重现：用数学语言粘住学生。

在教学《圆的面积》时，巧妙地处理一个教学意外，从而生成了精彩的教学片段：

师：你觉得圆可以转化成我们以前学过的哪些图形？

生：平行四边形、长方形……

师：请同学们利用手中的学具动手试一试。

生：老师，我觉得圆不可能转化成长方形，因为它是曲线图形，而长方形的边是直的。（一语激起千层浪，大多数同学停下手中的操作，表示赞同。）

师：（镇定自若，这冷不丁的"异议"正是心中期许已久的答案，于是顺水推舟）的确，表面上看圆是不可能转化成长方形的，但是经过古代科学家们的不懈努力，却成功地转化了，同学们想不想知道？

生：想！

师播放课件，通过课件的模拟实验演示及同学们的动手操作后，很顺利地得出了圆的面积公式。

……

师：同学们，你们今天学得轻松吗？

生：（齐）轻松。

师：学得轻松，是因为你们站在巨人的肩膀上。但是在过去漫长的年代里，人们为了研究和解决这个问题，不知遇到了多少艰难和困苦，花费了多少精力和时间。从古希腊化圆为方到我国的圆内接六边形入手，从古希腊的圆内接正多边形和外切正多边形同时入手到古印度的类似切西瓜的方法，无不凝聚着科学家们的聪明与才智。希望同学们也能像科学工作者们一样，在自主探究中，勇于猜测，大胆实践，做一名与众不同的科学探究者。

一席话，让每一位学生频频颔首。

启发感悟：

一位心理学家说，孩子的心灵像一架多弦的琴，其中有一根是和弦，只要找到它弹一下，就会使其他的弦一起振动，发出共鸣，协奏起来产生美妙的音乐。上述真实、精彩的师生对话，谁能说没有在学生幼小的心灵上播下数学精神的文化之种呢？正如著名教育家夸美纽斯说："教师的嘴，就是一个源泉，从那里可以发出知识的溪流。"这句话，精辟地道出了教师课堂语言的重要性。让我们牢记这句话，在课堂上适时、灵活、有针对性地运用精湛的数学语言，开启学生的心智、陶冶学生的情操，善于为学生们的学习导航。让数学课堂如磁石般富有吸引力，成为学生流连忘返的殿堂。

教室是无生命的物质空间，课堂却是充满生机的思维领域，只有师生心智交融，才能显现课堂应有的生机和活力。细细琢磨"聪"字，让人受益匪浅。作为数学教育工作者，我们要从"聪"字上得到有益启示，善于当"聪明"教师，坚持做到"多听""细观""会说"，真正做到把每堂课看成是献给孩子们的礼物，把课堂变成师生共同生活、共同创造的充满智慧和溢满爱意的家园。

用"幽默"助力课堂

幽默是聪明、机智、创新、灵感的俏皮而含蓄的花朵和微笑。如果说学生是珍珠，教师是奶茶，数学知识是热水，幽默便是晶莹剔透的方糖。在数学教学这个神奇的杯子中适当地加进方糖，就会冲出一杯香气四溢、味道极好的珍珠奶茶。这便是我对"幽默"的数学课堂的诠释。课堂上一个恰如其分的幽默，能让学生如饮一杯清新的甘泉，浅斟细酌，回味无穷；一个富有情趣的数学课堂，能营造出一个有利于让学生敞开心扉、活跃思维的特定时空，使学生学习数学时身心愉悦，心领神会。要使"幽默"成为高效数学课堂华丽的乐章，我们不妨从以下几方面入手：

一、幽默的"数学教师"——让学生爱上你的真

幽默的数学老师"人见人爱"，往往使学生觉得他有力量、有魅力，从而成为学生心目中的良师和益友。常态课堂上，碰到学生口吃，回答问题遭遇尴尬，我会说"别急，慢慢来，这不是什么缺陷，只是你心里想的比嘴巴快而已"，让幽默充当自尊卫士，舒缓学生的紧张情绪，减轻学生的精神压力，使其能够体面地站起并坐下。遇到个别学生上课精力不集中，我轻轻地哼唱："对面的男孩看过来！"此时，幽默便可巧妙地召回溜号的心神……记得一位数学科代表在一次单元考试中竟鬼使神差地考了不及格，一连几天他

都抬不起头，精神压力特别大。课后，我找他谈话："都这么多天了，怎么还不见你阴转晴呀？老师最不喜欢阴天了。"这样幽默的话语，胜过无数的正面说理教育。可见，幽默是帮助学生走出心理困境的阶梯，幽默的语言能使困境和窘迫转化为轻松和自然，透露出一股关心、体贴、理解和信任的真挚感情。再如在教学《角的度量》时，学生测量一条边呈水平方向的"标准"角后，我打趣说："刚才我们测量的都是一些'规规矩矩'的角。这里还有几个比较'调皮'的角。你会测量吗？""幽默"的点拨，随手拈来，如同叩击学生心灵的鼓点，有利于构建和谐的师生关系，创造和谐的课堂，给学生营造愉悦的学习氛围，从而更好地展开高效的学习。

二、幽默的"数学课堂"——让学生爱上你的才

做一位幽默的数学教师要有才情，因为教学幽默艺术能有效地激发学生的求知欲，直接有利于学生对所学知识的理解和掌握，使之对自己更加自信。幽默的语言是教师思想、气质、才学、视野和灵感的结晶。它像一个精灵，能使语言于瞬间闪烁出耀眼多彩的火花，能使学生在开心大笑或会心微笑中领悟教师深刻的意旨。如我在教学《四则混合运算》时，发现学生对运算符号容易出错，于是在教学中我把"数"比作"袋鼠妈妈"，把数前面的"符号"比作袋鼠妈妈育儿袋里的"孩子"，移动数时，要像袋鼠妈妈带着孩子一样带着它前面的符号一起搬家。这样的幽默，通俗易懂，让人印象深刻，不仅给枯燥的数学知识裹上了一层糖衣，使学生乐于接受，而且为数学课带来了暖流。再如在教学《直线、射线、线段》一课时，学生在质疑问难时提出："丁老师，头发是射线吗？"我先是一愣，然后微笑着说："问得好，假如你的头发是笔直地、笔直地生长，并且长生不老的话，可以看作是射线。"在这儿，我没有正面评价，而是利用假设，引发学生想象，不仅巩固了射线的知识，培养了学生的空间想象力，更肯定了学生求异质疑的精神。学生们被我幽默的语言逗乐，严肃紧张的气氛一下子变得热烈活跃起来，真是"笑一笑，兴致高"。

三、幽默的"课堂生成"——让学生爱上你的智

要实现既"寓教于乐"又"乐而不俗"的数学课堂，我们教师应该首先提升和丰富自己，这样才能驾驭一个真正意义上的幽默课堂。因为无论是演绎了许多无法预约精彩的精品课堂，还是引发无尽思考的常态课堂，都充满变数，充满挑战，而教学幽默是教师个性智慧的闪烁，是寓教于乐的机智。教师在教学中运用幽默艺术，既使自己显得机智、博学、大度、乐观，又让学生在接受知识的同时如沐春风，使教室生辉。在教学《平行与垂直》一课时，一个十分淘气的学生伸了个大懒腰，自言自语道："为什么书中说两条直线平行的时候一定要加上'在同一平面内'这几个字呢？"此时，全班同学的目光都注视着我，我的头脑在高速运转：板下脸来进行教育？佯装不知继续讲课？不妥，都不妥。在这种紧要关头，老师的从容镇定和机智灵活显得非常重要。忽然，我的脑际灵光一现，不动声色地说："各位同学，下面播报一则交通新闻，立交桥上行驶的火车和桥下行驶的汽车不小心'接吻'了，相撞了。"同学们听了都笑了，笑过之后，那位桀骜不驯的个性男孩马上说："丁老师，不可能。因为立交桥上的铁轨和桥下的公路永远不可能相交。"我顺势追问："那立交桥上的铁轨和桥下的公路能说是两条平行线吗？"同学们异口同声地说："不能。"那个男孩继续说："因为它们不在同一平面内。"我向他竖起大拇指："佩服佩服！"男孩心满意足地笑了，其他同学也笑了……一个幽默机智的比方，解释了一个抽象的数学道理，巧妙地化解了教学的尴尬，掀起了课堂教学的小高潮。

正如赞可夫所说："好的课堂教学，要有幽默，要有笑声……"如此看来，幽默是一种"柔化剂"，可以消除紧张；幽默是一种"强化剂"，可以亢奋思维；幽默是一种"催化剂"，可以化解矛盾。幽默，让常态的数学课堂高效起来，睿智了许多，少了几分遗憾，多了几分震撼；幽默，打开了灵性而善良的师生心扉，成就了灵动而神奇的数学课堂。这样的课堂，是不是令学生想不爱也难呢？

情智共生：数学结课新境界

一篇好的文章，应有"凤头、猪肚、豹尾"。课堂教学的艺术也像写文章一样，导入要引人入胜，进程要跌宕起伏，结尾要情智共生。教师作为一堂课的总设计师，不仅要精心设计导语，牢牢抓住学生的注意力，也要精心设计结尾。因为情智共生的结课也是一堂成功数学课的闪光点，它理应成为每堂数学课的追求。这里，我想谈谈数学课最后几分钟组织教学的重要性。

一、赠生活之"琴"，拨弄几曲活学的"弦音"

数学是理科之冠，它来源于生活，又服务于生活。而学生是未来社会的主人，所以我们的数学课堂不应该天天都是摆小棒，苹果加梨头，更不应该从抽象到抽象，虚无飘渺，雾里看花。明确"生活"是学生进行数学学习的起点与归宿这一理念后，我们不妨在数学课堂结尾画上一个逗号，把学习的主动权还给学生，让他们真正成为学习的主人。

回眸：画个"逗号"的课尾。

北师大版第十一册《生活中的比》一课的巧妙结课：

师：生活中比的知识真可谓"比比皆是"呀！你们知道一个人的脚底长与身高的比大约是几比几吗？

生：1：7。

师：名侦探福尔摩斯发现一个罪犯的脚印长25厘米，他可以作出什么样的推断？

生：他可以估计出罪犯的大约身高……

师：生活中还有不少有趣的比。世界上最美丽的几何比黄金分割是希腊数学家欧多克斯利用线段找到的，它的比值大约是0.618，比大约为2：3。黄金分割在生活中应用非常广泛。请欣赏美丽的几何比！（课件出示：五星红旗图、神庙图、神秘的古埃及金字塔、芭蕾舞演员、理发师也将黄金分割运用到发型设计中。）

师：比就在我们身边，今天我们班上课的男生有28名，女生有23名。除了老师在上课外，还有587位老师在听课。根据所给信息，你能想到哪些比呢？

学生畅所欲言……

40分钟已到，可是学生为了研究听课现场人数比而迟迟不想下课。

托尔斯泰说："成功的教学需要的不是强制，而是激发学生的学习兴趣。"以上结课的设计，不仅可以拓展学生的课外知识，让学生品味数学文化，激发学生对数学学习的兴趣，而且可以让学生充分体会到学习数学的价值，体会到数学能运用于生活，能使我们的生活更便捷、更美丽。生活是快乐的，数学学习更应该是快乐的。如果把活学比作动人的"弦音"，生活又何尝不是一把美妙的"焦尾琴"呢！

二、给体验之"伞"，撑起一方善学的"晴空"

传统的教学是把问题在课堂上弄懂，走出课堂就没有问题了，这是片面的教学观。现代的教学理论认为，问题的解决并不是教学的根本目的，不能满足于学生已经掌握了多少问题的答案，而是让学生带着新问题走出课堂，并想办法解决，体现"大课堂"教学观。一堂数学课结束时，画上一个"问号"，有意识地给学生留下"言有尽而意无穷"的意境，让学生带着问题去思考，走出课堂去寻找，激发学生主动学习、主动探究的欲望。

回眸：画个"问号"的课尾。

在教学北师大版第四册《角的认识》时，可以这样结课：

（1）出示与地面形成45°角的卡通滑梯。

师：角在生活中的用途可真大呀！小朋友看，这是什么？（课件出示滑梯，并闪烁45°的角。）

师：你滑过吗？感觉怎么样？

生：很舒服，很好玩。（课件演示：小朋友顺溜地滑下来。）

全班同学随即发出了笑声，因为滑滑梯对孩子们来说并不陌生。

（2）出示与地面形成20°角的卡通滑梯。

师：如果把刚才的角变得很小（课件闪烁20°的角），小朋友看，你觉得滑起来会怎么样？

生：（齐）一点都不好玩，滑不下来的！（课件演示：小朋友滑得很慢很慢，最后停在中间。）

（3）出示与地面形成85°角的卡通滑梯。

师：那如果这个角变得很大呢？（课件闪烁85°的角）会怎么样？

生：（惊呼）呀！太危险了，要摔下来的！（课件演示：小朋友从滑梯上迅速下滑，最后掉到地面上，弹起1米高。）

全班同学哄堂大笑！

师：看来滑梯和地面形成的角不能太小了，也不能太大了，那这个角到底多大才好呢？感兴趣的小朋友可以自己去调查一下，生活中像这样的问题还有很多很多，关键看你是否会发现……

在教学过程中，体验是学生的一种存在方式，是他们深入学习的基础。以上课尾设计，由于做到重视学生独特的活动体验，使数学学习生活化、经验化，成为教学一笔宝贵的财富。学生不仅加深了"角的大小与两边叉开的角度有关"这一知识体验，而且感知到角在生活中的广泛应用。如果把活动体验称为一把"伞"，那么为学生撑起的将是一方善学的"晴空"。

三、赋游戏之"趣"，畅想几多乐学的"篇章"

"游戏是有愉快原则促动的，它是满足的源泉。"在课尾适时适量安排教学游戏活动，常常能使课堂妙趣横生，营造一个又一个的高潮。这种游戏创新，需要教师教学的机智加智慧，在快乐与实践中促进学生主体性的发展。在数学课堂结尾画上一个"叹号"，让学生的学习变成一场快乐的游戏，从而使课堂教学充满活力和魅力。

回眸：画个"叹号"的课尾。

在教学北师大版第十册《长方体的认识》接近尾声时，为巩固新知，比画游戏开始了：

（1）玩"降龙十八掌"。（建立长方体有6个面，3组相对面完全相同的心智图像。）

让学生果断抛开例题学习用的实物和模型，想象一个长方体，并用两个手掌相对，分别比画出它的前后面、左右面和上下面，并戏称这是在玩"降龙十八掌"，学生兴致极高。接着进行比画竞赛，老师说一个面或相对面，学生用手比画，看谁的反应快。

（2）玩"食指禅功"。（建构12条棱的清晰表象。）

每个学生与同桌面对面，共同想象出一个长方体，各自伸出两个食指，合作比画同一方向的四条棱，边比画边说：左右（上下、前后）方向四条棱。然后进行比画相对棱的游戏：师发口令，同桌合作比画，看哪一组同学动作快。

......

"手是意识的伟大培育者，又是智慧的创造者。"以上借助手势开展"比画游戏"活动，既简单易行，让老师省心，又生动活泼，让学生欢心，更能提高教学效率，有一两拨千斤之功效，让师生尽欢颜！它犹如庖丁手中的小刀，对付难教难学的《长方体的认识》这头众人眼中的"犟牛"，可谓游刃有余、事半功倍、举重若轻！不但引领学生轻松、高效、快乐地学习和建构，为学生后继学习提供有力的思维扶手，而且畅想了几多乐学的"篇章"。

四、创作业之"园"，开拓一片博学的"天地"

数学教学过程并不是封闭和孤立的。它应是学生对数学的认识与数学的实践辩证统一的过程，是教师主导作用的发挥、学生主体能力的生成和发展的过程，是极具开放性的。开放的数学教学，应为学生拓展数学学习空间，创设更为广阔的、自主创新的数学学习环境。理想的数学课堂结尾不妨画个"省略号"。

回眸：画个"省略号"的课尾。

在教学北师大版第四册《认识图形》结课部分，以兴趣为先导，分层铺垫，将学生引入佳境，从而布置以下作业：

1. 火眼金睛。（图略）

这件上衣分别由哪些图形组成？每种图形各几个？

2. 神奇一剪。

把一张正方形纸沿直线剪掉一角后，你最多可剪出几个角？最少可剪出几个角？

3. 攻擂能手。

请你用学过的图形圆、三角形、长方形、正方形和小棒等创造出尽可能多的物品。

4. 设计高手。（允许课后完成）

用你学过的图形设计出漂亮的图案，并编辑成精美的数学画报，在班级"数学乐园"里粘贴。

爱因斯坦曾说："教育应该让学生将提供的东西作为一件宝贵的礼物来享受，而不是作为一种艰巨的任务来承担。"此项作业不仅涵盖数学、美术、建筑、美学等学科知识，培养了学生书写、绘画、设计、创作等多方面的综合能力，还让学生站在"认识图形"的平台上，兼采他山之石来攻玉，从而引领他们不断开拓，将创作的热情推向了巅峰，作业变成了极富情趣的智慧之旅！这的确是向学生馈赠了一件大礼，为学生开拓了一片博学的"天地"。

俗话说得好："结课有法，但无定法，贵在得法。"一次扎实而精彩的数学教学，往往在更大程度上是由教师以己之情熏染学生之情，以己之智开启学生之智而达成的，而这样的智慧源于教师用"知识的底蕴"和"精神的底色"长期滋养。在教学实践中，只要我们根据教学内容和对象，灵活运用、机智应变，根据实际需要不断探索、追求创新，就能创造出情智共生的数学结课新境界，定能使我们的数学课堂绽放出更为迷人的光彩！

10　冯玉新卷

福鼎台山岛之旅

　　离开已数日，你依旧深藏在我的梦里——蔚蓝色的海波仍旧固执地荡漾在我的心中，强劲的海风依然吹拂着我黝黑的脸庞。2013 年 7 月，我们走进了"天下绝景，宇宙之谜"的白水洋，宽阔的水上广场似一幅巨大的平地，浅浅的水没过脚踝，我们如孩童般打起了水仗，山谷中回荡着我们的欢声笑语。冲浪滑道似儿时的滑滑梯，但与之相比落差要大得多，顺着水流从几十米的坡顶急速滑下，有如空中飞一样的感觉，到坡底时，又被卷入水中，浮起，再卷入，即使你闭紧了嘴，水流也会从鼻子中冲灌而入，甚是惊险刺激——纵使是这样，台山岛，你也无法让我忘怀。

　　船渐渐驶离了岸边，我眼前也渐渐地尽是漾着波浪的海水了。置身于一望无垠的海面上，我才觉得自己很渺小。海也似乎有意显示它的强大，虽然风浪不大，但我的几个同事早已吐了好多回了。我庆幸自己还能坚持，静静地站在船尾，顶着烈日，沐浴着咸湿的海风——因着海风的吹拂，太阳也不那么毒辣了。我摇摇晃晃地登上驾驶舱，和船老大聊了起来。他的脸黝黑，身子瘦削，一副干练的样子。我诧异于他为什么一直站着，不累吗？他微微一笑，说习惯了，走船都 40 多年了，最长的时候一站就是十几个小时。再细看时，他不仅黑——我也不比他白多少，还有 40 多年的风雨在他脸上刻的道道痕迹——这是我所没有的。此时，我想起了一位老师说过的话，最有魅力的男人是脸上坑坑洼洼的男人，他是不是我那位老师心中最有魅力的男人呢？不管怎样，我想，海的博大不在于它的无垠，而在于它造就了一个人的勇敢与坚毅，沉稳与干练！

台山岛有东、西台山之分，主岛西台山面积约 1.2 平方公里，最高点海拔 130.1 米，我们所在的是西台山。顶着午后的烈日，我们穿过弯弯曲曲的羊肠小道，沿着陡峭的石壁上凿出的一条小路，相互搀扶着、小心翼翼地下到海边，跨过不足 1 米宽的石板桥，踏上雨伞礁。相传 600 年前，台山岛是个频发海啸、时有暴雨的多灾之地。仙居太姥山的太姥娘娘得知此事后，大动恻隐之心。为解百姓危难，她毅然将自己喜爱的"七彩镇邪宝伞"抛降至台山岛入口地方，并召来水兽巨犀与宝伞一南一北为该岛挡风驱雨镇水魔。时至今日，如细加端详，雨伞礁"伞面"上的七彩颜色还隐约可见呢。大潮时，靠近犀牛礁，"咕噜咕噜"的声音不绝于耳。老人们说，那是巨犀在吞饮海水，防止它涨得太高，危害岛上百姓。细看去，我觉得雨伞礁更像一头挺着头拖着长尾巴的怪兽呢！它的内部有一条隧道，从东面进入，在东、南、北面各有一个炮口。如果说，那亘古的传说令人神往，而眼前这一切真实的场景更让人敬畏，我仿佛又回到了那炮声轰隆的年代！

雨伞礁南侧不远，有处景观为"一线天"。它由两块不相连的礁石夹峙而成，从底部向上仰视，天空成了一条长长的线。站在横卧两礁顶部的"天桥"上，环顾可览四海景，俯瞰能赏"千堆雪"，真是乐在其中。

令我最难忘的还是海上日出，那是我平生第一次完整地欣赏这美丽壮观的景色。下半夜 1 点才刚刚躺下，还差 10 分钟四点，我就起床了。招呼大家，个个立马起身，提着手电筒，一路急走，10 多分钟，来到雨伞礁的对面，那里是观日出最佳的位置。那时天刚蒙蒙亮，大家聚在一起也只能隐约分辨出对方是什么人。海风十分大，全身有点发凉，我们都庆幸昨晚没有把帐篷搭在这儿，不然不知道昨夜风会把我们刮到什么地方去。正说着，远处的天边出现了一片霞红色，渐渐地海面上也泛起了一些光亮，我们之间也看得更清晰了。霞光越来越浓，仿佛火烧过一般，这时天也逐渐大亮了。我有点担心，甚至有点失望。几年前，我到嵛山岛看日出，也是四点多就起床，走了一个多小时的路，静静地等待日出，可是当我们看到太阳的时候，已是挂到高空的圆盘了。历史会这样重演吗？看着天已大亮，我几乎失去了信心。就在此时，我们看到一个蛋黄色的东西从海面上慢慢升起，整个天边完全被染红了，大家都欢呼雀跃起来。我目不转睛地注视着，太阳渐渐地露出了半边脸，像完全烧熔的岩浆般透射出金色的光，慢慢地，慢慢地，直至完全跳出海面，仿佛一个巨大的火球放射出耀眼的光芒……我的同事也发出了同样的感慨，这也是他人生中第一次看海上日出！是啊，人生能有几个第一次？它留在我们心底的绝不仅仅是美丽和壮观，还有一些我们人生从未有过的体验！

第二天一早我们就坐船回家了。据说，回程的浪特别大，晕船的同事更多也更厉害。而我却没有一点感觉，因为两个多小时的海上颠簸我几乎是在睡梦中度过的。也许，是我有意让自己暂时睡着的，快乐离去时我们总不免有些伤感，我不愿让自己的心情如这海浪般翻滚。我想，美丽的台山岛，我们注定只是你匆匆的过客！匆匆的过客也好，也许只有这样，美丽才会在我们的心中永存！如果我们留下了，日复一日，年复一年，海风的吹拂，海浪的荡涤，心中的一丝丝浪漫情怀会在岁月里消失殆尽，那时，我们的台山岛，你还美丽吗？

班级里的新鲜事

"今天数学课，冯老师一走进教室就对我们说：'从今天起，每位同学都要开始写数学绿记'。'什么？数学绿记？'同学们睁大了惊奇的眼睛，细听下去，才知道是冯老师把'日记'说成了'绿记'。"这是我班上一位学生在他的命题作文《班级里的新鲜事》里开头的一段话。作为教师，我为此深感愧疚。一直以来，我自认为自己数学教得不差，和孩子们相处得也还算融洽，但普通话发音这么不准会误人子弟吧！这样的教师又怎能称得上称职？幸好与我配班的语文老师普通话说得极好，她还是省级普通话水平测试员呢！有她的引领，总该可以避免孩子们因我而在普通话发音上"误入歧途"吧！这种补救措施自然并不理想，然而在我能说一口标准普通话之前，也唯有这样聊以自慰了。

正因为语文老师的优秀，更使我相形见绌，我的威信自然大打折扣。我总觉得全班同学都带着嘲弄的微笑和鄙弃的目光看着我，似千军万马向我袭来，仿佛每个人都在背后窃窃私语："冯老师，也不过……"我无计可施，唯有努力地改变自己。但事与愿违，往往是一个字一个字地读，我还能读得准，连成一句话时便开始走样了，回到平时说话时又是"涛声依旧"了。我终于深刻体会到什么叫"乡音难改"，虽然这四个字在这儿似乎并不贴切，但却是我真实的感受。教书十多年了，我还是第一次碰上这么较真的孩子，以往也知道自己读音不准，但从未觉得如此严重，仿佛平生第一次被人揭开面纱，那丑陋的面容突然一下子暴露在光天化日之下。

　　我为自己读音不准给孩子们带来的不良影响向他们表示了深深的歉意，我说："我会努力向同学们学习的。"接下来免不了说了一番为自己辩解、开脱的话："你们在实验小学学习长大，这里汇集着全区最优秀的老师（不知道自己算不算优秀），从小受到最好的教育，普通话自然说得好。而我呢，你们知道吗，我小学一年级的老师只读到五年级，二年级的老师也是只读到五年级，三年级的老师还是只读到五年级，四、五年级的老师也只不过初中毕业罢了。"这时我听到底下孩子们发出一阵阵的嘘声，而此时我心中却涌起一阵酸楚。说实话，至今我仍对我的小学老师心怀深深的敬意，他们收入微薄（教师工资低，代课教师工资更低），但工作却尽职尽责。我接着说："这个不同说明我们国家富强了，我们的教育进步了。这也是长江后浪推前浪，一代新人胜旧人啊！……"我越说越起劲，越说越激动。是的，我知道普通话说得不标准与自己是否认真学习有极大的关系，然而从小学到初中还算优秀的我，直到上师范时还不清楚有平翘舌、前后鼻音之分，难道说这和我从小所受的教育没有一点关系吗？但我想这并不是我的老师的错，而是我们当时的教育太落后了。相形之下，我们也可以看到在这短短的十多年里我们的教育取得了怎样的辉煌成就！由此我也深深感到，作为一名教师，我们有责任提高自己的教育教学水平，以使我们这一辈人的遗憾不在下一代人身上重演。

　　尽管我很努力，但要读准每一个字音也不是一朝一夕就能办到的。然而，让我感到欣慰的是，在我每一次读错音的时候，听到的总是善意的提醒和爽朗的笑声。"有一天数学课，冯老师讲评一道应用题时，老是把小勇的'勇'读成'yǔn'，小雄的'雄'读成'xún'，引得全班同学哄堂大笑，冯老师也跟着笑，本来有点疲倦的我们，因为这小小的'插曲'，倒也来了许多精神，沉闷的课堂也变得热闹起来了……"这就是我们的孩子，他们多么宽容，多么善解人意啊！"最近冯老师进步了，'日'不再读成'绿'了，'用'读成'yùn'的老毛病虽然还犯，但次数少多了。据说，他每天都向高翔同学学习十几分钟，纠正这些读错的字音……"这些文字都是从有关写我的作文里摘抄下来的。我真心感谢这些孩子，感谢他们捧着一颗真诚的心，给予我无限的宽容与谅解；感谢他们发现了我的进步，给予我诚挚的肯定与鼓励。我想，教育的路虽然充满寂寞与艰辛，但有这般可爱的孩子与我同行，我能不兼程而进吗？

爱在细微处闪光

　　有人说，没有爱就没有教育。是啊，每个孩子都是一盏明亮的灯，只要我们用爱心去点燃这盏灯，他们就会发出耀眼的光亮。但是我想，老师的爱却不一定都要是什么惊天动地的大举动，爱，常常在细微处闪光。

　　在我踏进师范学校的大门之前，我一直是班上数学的"骄子"、语文的"矮子"，那时的我除了语文课本，没有读过一本像样的课外书。然而，这一切却在一个美丽的早晨，因为一位老师美丽的话语而改变。我清楚地记得那个清晨，"文选"老师手里举着我的作文本说："我们班的'风水'很好。""水"指的是我一个同学写的《水》，"风"当然是指我写的作文《风》，他给我评了班上的最高分：88+2。我简直不敢相信这是真的，要知道，打小我在作文方面从没有得到过这样高的评价，我在中考前的省质检考试中语文都不及格，总分120分，我才得了70分。然而不管我还心存怎样的疑惑，从那一刻起，文学的大门向我敞开了，我疯狂地爱上了文学。三年的师范生活，我走进了巴金的"家"，倘佯在冰心爱的世界里，几乎读遍了鲁迅的所有文章，也初识了并不为多少人知的沈从文，我成了一个地地道道的文学爱好者。三年之后，他在我的毕业纪念册上这样写道："还记得当年的'风水'吗？你的文学才华我是知道的，你能兼程而进吗？"遗憾的是我终究没能在教学之余在文学上有所成就，然而他对我的那份诚挚的信任与鼓励却深深地烙刻在我的心里。时至今日，在繁忙的工作之余，我依旧不忘读几本文学的书，写几篇小文。我的成长经历也让我深深地明白一个道理：教会学生做一道甚至十道、几十道题目，都不如用爱的阳光去照亮、开启他们智慧的心灵，让他们爱上学习。这正如德国教育家第斯多惠所说的："教学艺术的本质不在于传授本领，而在于激励、唤醒和鼓舞。"

感谢我的老师，从教 20 年来，他传承的这份无私的师爱一直激励着我前行。对于学生我虽不乏严厉的批评，但更多是以诚相待、以心换心，以我的真诚与爱心去感染和教育他们，去唤醒他们深藏于心中的对学习的热爱。在 2003 年一个温馨的下午，我收到了这样一封来信：

亲爱的冯老师：

小学的时光匆匆流过，像一滴水滴在大海中，却深深地留在我的记忆里。感谢您多年来对我的宠爱。记得五年级上学期，在一个酷热的下午，我狼狈不堪地跑进教室，还喘着粗气，您笑眯眯地走过来说："××，我决定让你和 ×× 当数学科代表。"我是又激动又疲倦，只是点点头答应，可我恨不得立即欢呼雀跃。谢谢您给了我这次锻炼的机会，要知道，从那时起我渐渐爱上了数学，我总是想如果我学不好数学又怎能担任科代表呢？如果您忘了，没关系，您总记得下学期选三好生时，我们组仅 10 个人选我，您为了让我入选，故意要帮我数，结果所有人都选了我，我清楚地知道他们是看在您的面子上。我要感谢您的事多得连我也数不清了，请原谅我写信言简意赅。

如果不是她的来信，我的确忘了还有这些事。只记得她是一个做事踏实认真的孩子，在我教她的一年多时间里她的数学确实进步不少，但我想，这都是她努力的结果。然而她却把这一切归功于她担任了数学科代表，归功于我的信任。我真的意想不到，这样一个不经意的决定会在她的心底产生这么大的影响，也许这正是爱的无声的力量吧！而至于选三好生，我想，她那时确实进步很大，这并不失于公正。况且，如果因为我的"偏心"，而使她能有如此大的进步，我们的教育不是也很成功了吗？

让我感动的还远不止这些。在我初进学校接的那个班里，我遇到这样一个学生，他的数学并不差，然而常常在我讲解分析一道题之后，全班几乎所有的同学都听明白了，唯独他举手，怯怯地、一脸茫然地站起来说："老师，我听不懂。"这时全班同学定然会哄堂大笑起来。每当遇到这种情况，我总是耐心地让他说出自己的想法，细致地加以引导，还常常在班上表扬他这种学习的精神。渐渐地，他的数学进步很快，数学考试几乎都是满分。2003年他毕业进了中学，对于他，我的教育使命似乎也该完成了。然而有一天，他的母亲打电话说，最近他学习有点松懈，希望我能和他聊聊，因为他很信任我，经常在家里说起我。我给他打了电话，先从他最近在《宁德晚报》上发表的散文《似水流年》说起，淡淡地谈了我对学习的一些看法。过了一会儿，我接到他母亲的电话说，他居然在接我电话的间隙哭了。那一刻，我真的有点惊呆了，我震撼于自己说话的力量，在一个孩子毕业之后，我的话还能对他产生如此大的影响，这足见我们之间的感情之深啊！然而，回想与他相处的一年多时间里，对于他，我又有什么特别的关照呢？只是如前文所述给予他一点点的时间倾听他的想法，给予他一些我们应该给予的信任和鼓励。我想，也许正是有了这番信任与鼓励，才有了他的进步，才有了他的感动。

爱，不是一句口号，它深藏在我们的心里，渗透在生活的点点滴滴里，蔓延在教育的每一个细节里。只要我们拥有一颗博大的爱心，爱，一定会在细微中闪光。

年少的记忆：玩

　　读萧红的《呼兰河传》，印象最深的是作者写她和祖父的后园，而在我年少的记忆里，时常萦绕于我脑中的是我家后面的小树林。我从懂事起，直至小学毕业离开村子这段童年的闲暇时光里几乎都在这儿度过。

　　在我家边上，有一口边长四五米的方井，井不深，才 1 米多，井底有一个很小的泉眼，这与我 13 岁时到镇里看到的井完全不同。镇上的井是圆形的，很深，足有七八米，我们必须用系了长绳的小桶放下去才能打到水。我家边上的井不同，井水几乎与地面齐平，只是井沿高出了地面十几厘米，所以打水时，连扁担都无须放下，一前一后两个大桶先后直接放进井里装水。我那时玩累了，渴了，常常直接伏在井沿上，整个身子探进井里直接喝水。水清澈而甘甜，即使遇到暴雨天，这水一点也不会浑浊。井里放养着几条鲫鱼，许是水太清澈的缘故，过了好多年了，也不见这鱼儿长大。倒是在夏天的午后，天气异常闷热的时候，我们就会见到这些鱼儿游到水面上，吐着气泡儿，告诉我们暴雨即将来临了。即使在我们村里，也很难再找到这样一个长年不息、清澈甘甜的泉水井了。其实能有这样一口泉水井，完全得益于井后面的小树林——我儿时的乐园。

　　树林不大，大约两公顷。树林里不长杉树、松林——这些树干直挺挺的、满是针刺的树是不会讨我们喜欢的。林里子长满了各种不知名的大树，大都十来米高，树皮光滑，枝干四处伸长，交错纵横。巨大的绿荫连成一片，即使在艳阳天里，也只能看见零星的阳光透过树叶的缝隙照射下来。人们常说，大树底下好乘凉，这话有理。不过其中的小杂木，因了树荫的遮盖，日照不充足，并不见怎么生长，稀稀疏疏，也不成片，再加上我们闯出来的纵横交错的小道，显得更为稀少了。四通八达的小路，如果没了落叶的覆盖，几乎是裸露的黄土，交错叠加着我们的小脚印。我们常常在树林底下玩"战争"的游戏。别以为我们玩格斗或打架，记忆中，我们这些小伙伴很少打架，甚至红脸。我们把参加"战争"的人分成两派，先在各自的地界内躲藏起来。然后进攻，发现对方后，马上手握成枪状叫对方的名字再喊"砰"的一声，对方就"死"了。如此下去，哪一方全被消灭了，就输了。

这样的游戏玩久了，自然觉得平淡。有时也玩追逐的游戏，类似于玩老鹰捉小鸡，被捉到自然就输了。不过，我们也是容易喜新厌旧的。我不知道哪个胆大的孩子，提议在树上玩老鹰捉小鸡，这可超出了我的能力。小时候的我，长得瘦小，直至我小学毕业才长到1.34米高。虽然我常常随祖父上山干农活，但力气未见多大的增长。不过爬树还是可以的。林子里的大树，枝干特别多，即使下半部分爬不上去，也可以让同伴帮忙托一下，到上面就很容易了。我们常常坐在树杈间，听着林间虫子的叫声，哼着走调的歌儿，看松鼠偶尔从身边蹿过，让清风抚摸着黝黑的皮肤，真是惬意极了。但要我在树上像松鼠一样追来跑去，我是不敢的。所以他们在树上玩老鹰捉小鸡时，我只有在一边看的份儿，看他们从这一棵树上敏捷地跳到另一棵树上，又时而往树干上蹿，时而从树上滑溜下来，忽得又跃到另一棵树上了。我常常激动地为伙伴们鼓掌喝彩，也常常为他们惊出一身冷汗。有时看累了，便躺在树枝间，任枝儿在风中摇曳，做着一些现在再也记不起来的梦。

这项危险的游戏最终遗憾地在悲剧中落幕。受伤的是我大伯的儿子，我的堂哥，年纪比我大两岁，却比我低一个年级。那时我已升入初一，他还在读五年级。听说，那天也是在玩这个游戏，结果他从树上掉下来，摔断了手骨头，治疗了很久，至今手臂不能伸直。从那以后，再也没人敢玩这个游戏了。即便如此，小树林却还是热闹依旧。

林子里还有几棵板栗树。也许是野生的或者品种不同，比起我们现在市场上见到的小得多，里面的果肉才一截小指头大。板栗一般长在细小的枝条处，我们常常爬到树上，还是不能直接摘到，得用竹竿敲打才能落下一些。再用石头敲开满是刺的外壳，咬开内壳，直接生吃，味道有点甜。在那个没有钱买零食的年代，我们就这样自食其力地解解馋。树上许多板栗不是我们都能打得下来的。不过没关系，我们可以等到板栗成熟的时候，外壳自动裂开，风吹过，里面的果子就会自动掉下来。不过，也许这时成熟了许多，果肉没原来那么嫩了，甜味也少了许多。

这个小树林留给我深刻记忆的还有野蘑菇。许是近水楼台先得月，每当长菇的季节，大雨过后的第二天大清早，雨一停歇，我就和姐姐妹妹上山了。这时，林间到处都是野蘑菇，有红的，有灰的，有白的，我都叫不出名字。现在想起来那红色的应该就是闽北盛产的红菇了。采回来，总是奶奶先帮我们分拣，哪些能吃，哪些不能吃。爸爸也反对过，因为听说好多人误食了毒菇中毒了。但在那个物质匮乏的年代，哪能舍得丢弃这份美味呢？更何况这些菇吃起来脆而香，胜过后来我们家种植的香菇。其实，小时的记忆里，还有一种菇味道更鲜美，而且吃起来有点韧劲。这种菇叫鸡肉菇，很少见，一般长在旱地里的草丛边。至今20多年过去了，我再也没有吃过。

热闹的林子里也有清静的时候。或者是雨天，这自然没人去。或者是周末的晴天，大多数同伴都随父母上山干活了。而如果我恰好不用去干活，我就会一个人到林子里。爬爬树，悠闲地听风儿吹着树叶发出"沙沙"的声音。我喜欢热闹，也喜欢独处，记忆里没有什么忧愁，却也爱一个人不着边际地遐想。有一回，我爬上一棵很大的树，这棵树要三四个大人才能伸手环抱住，但它的枝干长到很低，很容易爬上去。我正爬着，突然一个巴掌大的东西贴到我的脸上，冷冰冰的，吓了我一大跳。我下意识地伸手去摸，却又没了，细看时，才发现是一只手掌大的青蛙，正瞪着圆鼓鼓的眼睛看着我呢！

小时候的我，没有见过游乐场，没有玩过城里的滑梯，但这个林子带给我的快乐却这亚于这些！

我是谁

　　教师和每一位学生一样，只是学校生活大家庭中的一员。由于功能的不同，社会有很多不同类型的大家庭，例如，国家政府、地方税务、医疗卫生等。而学校，是依据社会发展的需求，专门创办的适合孩童成长的集中场所。回顾班级授课制的诞生，最早出现在 16 世纪，在我国兴起的时间是清朝 1862 年，当时的北京京师同文馆是第一家。教师便是其中的一员，任务是陪伴、引领孩童成长。

　　教师这一职业不敢说是太阳底下最光辉的，但肯定是太阳底下最幸福的。教师交流的主要对象是蓬勃向上、天真无邪的群体。与孩子们打交道，只要捧着一颗真心就好。

　　孩子们的包容心是最强的，有时候我认为与神差不多。无论老师怎么批评，怎么引导得不得法，甚至还错怪他们，第二天，他们依然用稚嫩的声音充满激情地喊"老师好！"对于老师昨日的不当，全都忘记了。这一点，我们成年人做不到。所以，有时候说学生是我们的老师不为过。

　　记得有一年我新带一年级，刚学识字的学生对笔画特别敏感。一次，我板书"一共有 12 朵红花"时，忘了将单位"朵"字上面变形。学生一起告诉我："李老师，你的'朵'字写错了！"我一边道歉，一边进行认真识字的教育："李老师小时候学习不够仔细，你们不要像李老师学习。"这时候，一位数学不怎么出色的孩子大声为我开脱："不怪你，是校长没有教好。"朴实的孩子，认为学校里的老师都是校长教出来的，真实暖心。

　　无邪的笑，是孩子们最大的标志。当然，与老师打交道的时候偶尔会哭，但这多半是由于教师理解了他们的委屈，他们感动，喜极而泣。记得有一年我接手一个特别的班级，班上有个大家眼中的"硬骨头"。无论是罚还是骂，他都瞪着一双大眼睛，梗着脖子，一副无所谓的样子。大家的招数对他都起不到作用，所有任课教师都对他敬而远之。我将他当成普通的孩子，没有迁就，没有责罚，没有另眼相看。有一次，我错怪了他，他没有申辩，照单全收。可是，我发现错误在我时，慌忙诚恳地道歉，希望得到他的原谅。就是这样一个混世魔王，居然哭了："老师，没有老师给我道歉，不需要老师的道歉……"这样的孩子往往披着一件厚实的外壳来保护脆弱的内心。

　　真的，孩子是能吃苦的，是能受委屈的，是能包容的，是伟大。我是谁，哪里修来的福气，一辈子与"天使"打交道？

如何做得更好

当今社会风气与科学越来越远，离金钱越来越近，作为教师的我们如何做得更好？

一、找回孩子心中崇尚的科学之真

要问当下的孩子将来的理想是什么，可能相当一部分会答：好好读书，找个好工作，挣大钱。几乎没有学生说要做科学家等。我作了调查之后，决定在孩子的心中播下科学的种子。但说起来容易，做起来难。这就要求自己做个立体式教师，有扎实的基础、科学的价值观和积极的态度。作为教师，可以花时间作知识的储备，如订阅《科幻世界》，查阅重庆、青岛、北京等做得好的科学网站，关注科学新动态。这样就能每周挤出半个小时的时间给学生讲述数学课本以外的知识。还可以和学生讨论讨论这样的主题：世界正在发生什么大事？科学前沿有什么新鲜事物？当下那些诺贝尔奖得主凭什么获奖？科学家的成长历程是什么样的？我们将来想有什么建树？对照成功人士的优点，我们现在能做什么？

记得 2008 年南方雪灾发生时，我正教六年级，我的学生收集了大量资料和环保数据，再结合这些数据进一步理解当时所学的百分数，运用所学的知识解决百分数应用题。四川大地震时，我第一时间对所教的一年级学生进行科普教育。带领学生了解地震产生的科学原因，学习逃生事项，关注灾情，积极捐款，计算款项。学生在这些过程中获得的知识是立体的，解决问题源自需要，课堂的生动和实效可圈可点。

虽然这种临时发生的事情需要老师花很多的时间去备课，但这样避免功利性处理的做法效果会更好。不是每一件事情的发生老师都能幸运地找到答案，所以，老师平时要注重储备多方面的知识。

2009年4月的一天中午，我刚从教室出来，就有学生来告状：李老师，曹杰趴在草地上吃草。我赶过去一看没有人，就没有在意。第二天中午，又有同学来告状，还是因为有人吃草，只不过增加了几人。我问他们："吃的是什么草啊？"曹杰告诉我："李老师，是'爱心草'。吃了会聪明的。"我一看，那不就是三叶草吗？我说："这种草是能吃的，我小的时候也吃过……"正在这时，上课铃响了。同学们回到教室上课去了。没想到，我不经意的一句话，导致第三天草地上趴了一片学生在吃"爱心草"！我心想坏事了，要是硬性规定不能吃，只能让地上吃草转为地下了。让学生懂得科学的道理，明白不吃草的原因，得靠疏导。当天下午第一节课，我收集了大量关于三叶草的资料，做成了幻灯片。第二节课利用20分钟的时间，带着一株三叶草，向同学们讲述了三叶草的功效，学校草地上的草在夜间起到的作用。同学们听了以后，马上有反胃的感觉。我没有说一句阻止大家吃草的话，从此学生不仅再也没有到草地上吃草，而且还自动担负起保护草坪的任务。三叶草真的成了"爱心草"！

二、点燃孩子心中简单学习的方法灯

1.不简单是简单的基石

要想简单教学，教师必须有扎实的学科基础。我喜欢刨根问底，也喜欢打破常规。知识靠学，方法靠悟。为了孩子能在问题解决的过程中悟出点道理，我特别注重"从头到尾"地领着他们学习数学。

例如，教学"比"概念。通过多次课堂观察，发现虽然书中有同类量和不同类量两种状况三个情境的讨论，也让学生进行了探究，但无一例外的是，学生都不能自主得出教材中给定的比的意义。

于是我就进行文献检索，翻阅20世纪所有课程标准，对比各种版本的教材，寻求比的生活意义和现实作用，学习数学名师是如何处理教材的。通过深入学习，最后得出简要的结论：让学生在大量生活实例中，发现要记录某事物或状态属性之间的关系，必须用到新的数学符号"："。通过举三反一来沟通数学与生活的联系，推导出比的作用。

要想学生简单地学习，我们教师必须装满不简单的内容，这样才能让孩子任意发挥，而万变不离其宗。

2.简单是不简单的追求

我提倡学生用简单的方法解决复杂的问题，以此来体会数学表达的简洁美。如在教学方程时，通过看图写数字、看图写算式再到看图写数学故事等，一步步引导学生体会方程的简洁性和完整性。

有一次受隔壁教师提问的启发，带领二年级学生在"我们班男生比女生多几人"的问题中，研究数差的奇偶性。学生们解决问题的方法不断朝纵深处发展，最后归纳出"班级人数是奇（偶）数，人数差一定是奇（偶）数"的规律。

三、让快乐成为孩子成长的动力

1.快乐是成长的催化剂

我追求做个立体式教师，花了大量的时间进行知识储备，每周会挤出半个小时的时间给学生讲述数学课本以外的故事，让孩子们感染到科学气息，逐渐变得大气。

现在许多孩子的学习几乎成了老师和家长的负担，在他们设计好的程序中，孩子渐渐没有了自主，没有了责任。我引导孩子理解课堂就是出错的地方，成长就是不断发现不足、修订不足的过程。学生在不断达成自己树立的小目标后，慢慢变得自立、自信。

我不布置家庭作业，但要求学生在学校期间一定要利用好零散时间，将必须完成的练习做完，寻找机会，给老师面批面改。学生学习主动多了。

这些基本的素养，让孩子们觉得学习很快乐，他们不断体会到成功的喜悦。

2. 成长是快乐的必然结果

很多教师都对我说："你们班学生一有空就研究数学题，还不亦乐乎。"是的，当学生觉得这是他们感兴趣的事情时，他们的力量非常大。不管是怎样的班级，只要我接手，学生都能很快名列前茅。这不是我的初衷，但一定是我们班的结果。因为他们能体会到学习的快乐。

四、教师要做跑码调试员，不要以师之心去度学生之腹

有时候我会突发奇想，认为学生是硬件和软件的结合体，学习是写程序。教师则要做好跑码调式员的工作，而不是凭着感觉和经验来推测学生。多跑跑，学生的学习能力就会在实践中发展起来。

每一位教育工作者都会看到这样一种现象，这种现象在我们数学学科中更为普遍——学生的学习过程是一教就会，一说就懂，一做就错，一点就悔。我们在埋怨学生的时候，有没有想过问题可能出在教师的身上？

1. 切合实际，读懂学生的认知起点

我通过一段时间的观察，发现有的时候问题就是出在我们老师身上。具体地说，是用我们的心去揣测了学生。教师在教学中过多依赖教辅教参或教学经验，认为只有这样教，学生才明白。结果学生完全不买账，课堂上出于模仿一教就会，一说就懂，课后离开老师作业一做就错，订正作业时教师一点就"通"了。

没有读懂学生的教学是很吃力的，我们要切实地站在学生的立场上思考，用课前调查的数据（可结合别人的经验教训）来指导教学，就能达到因材施教了。

2.及时调整，读懂学生的认知规律

学生的认知基础是顺利开展教学活动的基础。所有教师不同程度地将其当作不可替代的教学环节之一，在备课（特别是公开课）时，煞费苦心地琢磨学生学习的基础，把脉其最近发展区。但思来想去，教师个人因素起主要作用，也就是用教师的心去度学生之腹，误差难免。

例如，北师大版一年级上册《认识钟表》第一课时《小明的一天》，通过情景图认识整点和半点。备课时考虑让学生认识整点不难，认完后记口诀"分针指向12，时针指向几，就是几时"。认识半点利用认识整点的迁移优势，认完后，考虑如何让学生方便记，也编了一句口诀"分针指向6，时针过了几，就是几时半"。课堂上引领学生认了半点，记了半点的特征后，还设计了一个辩误环节：区分了7时半和8时半，学生当堂没有什么问题。课后问题还是出来了，不能正确认读半点。

课后反思：这就是典型的以教师之心度学生之腹。备课环节看似认真，用心琢磨，教学方法也没有不当之处，可最大的失误是没有切合学生实际。一个一年级的学生，认识时间这个抽象的知识本来就是难点，要是教学中没有建立准确的认知，就没有准确的意义构建。通过谈话，找到学生实际认知难点是：对于"过"的不理解。比如，在7的左边是过呢，还是在7的右边是过呢？

修改后的教学过程和配的口诀是"分针指向6，时针指向七和八之间，就是七时半"。通过这样的修订，学生课后作业错误明显少了。

3.调查研究，读懂学生的心理起点

越来越多的实践表明，学生在观察、思考、选择和体验等方面都和成人有着很大的差异。小学生年龄虽小，但他们内心世界的丰富性不亚于成人。应当说，每个孩子的精神世界都是一本独特、耐读而又不易读懂的书，需要教师用智慧和理性去理解。

从人的成长经历来说，由于受年龄、经验等的限制，孩子在很多情况下表现出与成人不一样的理解和体验。我们的学生，在解决问题时，表现的心理需求和心理满足与我们教师有着很大的不同。如果在教学中我们用大人的观点和体验去猜测学生的心理感受，想当然地设计教学过程，往往事与愿违。

例如，简便计算的教学，我们教师都感到很棘手。特别是乘法分配律，不知道有多少学生不能灵活掌握。

有一位女学生，在运用乘法分配律进行简便计算时，不管括号里加数的个数，只用乘数去乘第一个加数，不乘其余的加数。教师帮助她订正时没有问题，但她的课后作业依然我行我素。在我百思不得其解时，她的一篇数学日记揭开了谜底：算式中的数只能用一次，不可以用第二次，用了就是错的。看来我们在作教学计划时，真没有考虑学生认知的心理起点。

看来，作为教师还要从学生的心理角度思考和看待问题，努力把握学生心理的真实起点，采取积极有效的措施，努力与学生进行沟通，蹲下来倾听学生的声音，真正走进学生的精神和心灵世界，我们的数学课堂或许会更真实、更富针对性。

教育活动具有如下特征："读懂需要、寻找可能、择机转化、处理适中、赋予意义"。所谓"读懂需要"就是搞清楚学生需要什么，他们的内心究竟渴求什么。读懂学生，是我们教育的前提，只有读懂了学生，才能有针对性地开展教育，才能真正发挥我们教育的优势。

教育要多向内心追问。的确，这是一场追问内心的修炼。修炼问、探、做、想的功夫，就能明白中国为什么不缺知识，缺的是科学。我们有的是经验，却缺少记录经验的科学。有些事情，真的任重道远。

12 毕波卷

给学生一次"补考"机会

小帆是班上一个非常活泼开朗、性格外向的女孩子，在语言、表演方面的能力特别强，无论是班上的小活动还是学校的大活动，总能看到她大方、气场十足的主持或表演。火热的性格也给她的数学学习带来了一些"副作用"，那就是做数学题时特别容易犯"粗心"的毛病。尤其是计算的时候，乘号看成加号、忘加进位、抄错数字等问题经常出现。小帆的妈妈对她的考试成绩要求很高——每次数学考试的成绩必须上 90 分。可是，上一次考试，她又考砸了——考了 80 多分。下了课，一向开心雀跃的她趴在桌子上伤心地蒙头哭起来。看着挺让人心疼的。

一个新单元的学习过去了，这天早上进行了这个单元的考试，小帆开始的时候挺认真的，但是做完试卷之后，她有些静不下心来——时不时在草稿纸上画一下画，有时还会跟旁边同学小声讲点闲话。这让我有些担心。考完试，因为要处理一些其他的工作，试卷一直没有批改。下午，到了快下班的时间，办公室的门突然开了，从外面冒出一个小脑袋来——是小帆。我好奇地问："你怎么来了？""老师，试卷改完了吗？我想看看自己这次能考多少分。""好的，我现在来给你改。"我把小帆的试卷找了出来，开始批改。改完正面，错了 1 道填空题，2 道选择题，已经扣掉 5 分了。小帆顿时紧张了起来，我也跟着有些紧张——反面不要再错呀。可不愿看到的事情还是发生了，计算题错了 2 道，扣 6 分，应用题有一道题列式正确，但计算错误，扣

2分，最后的得分是87分！90分又没了，小帆对自己的分数失望极了，站在那里不知所措。怎么办呢？给她一次机会吧！我拿出另外一张备用的试卷，对小帆说："这次考试没考好，老师觉得你还是有些不细心。特别是在考完后，老师发现你没有好好检查。看，这些计算错得多可惜呀。现在老师给你一次补考的机会，请你认真地把这张试卷完成，到时算你两次考试的平均分。怎么样？"

"真的吗？"小帆对我的决定感到很意外。但不管怎么样，能有机会达到妈妈规定的90分，小帆自然非常开心。她接过试卷，认真地做了起来。这次补考还是有些小失误，得分为97分，但两次考试平均下来有92分，小帆终于长舒了一口气。我故意压低声音和小帆说："老师之所以给你这样一次补考的机会，是觉得你是一个学习很努力的孩子，这是我和你之间的小秘密哟。希望你以后能克服粗心的毛病，通过自己的努力取得好成绩。行吗？""嗯，谢谢老师！"小帆开心地离开了办公室。

这次补考，我当时的想法很简单——其实就是有些不忍心。希望小帆不要因为没考到90分而受到妈妈的责罚，也不要因为没考到90分而受到同学的"耻笑"。没想到这次补考，却让我收获了不少意外之喜。小帆学习认真了不少，上课更加专注了，作业的质量也有了提高。在接下来的一次考试中，小帆拿到了95分的高分。看她拿到试卷时那个兴奋劲，作为老师的我真是由衷地替她高兴。小帆终于走出了几次考砸的阴影，又快乐了起来。

这个学期的期末考试，小帆考了98分。她的妈妈特意找到我："老师，真的很谢谢你，谢谢你能给她那样一次补考的机会。你知道吗，经过那次补考后，她在学习数学时变得更认真了。后来的一次考试，她凭自己的努力考到了95分，她回家兴奋地跟我说：'妈妈，我真的不敢相信，原来我也能把数学学好！'您的那次补考让孩子找到了学习数学的自信。"

自信，对于一个学习中的孩子来说，是一件多么重要的事情！说到考试，不可否认，它的确能在一定程度上反映出学生一段时间的学习情况，也是不断推动学生学习的重要方式。但是，当下许多家长和老师，由于过于看重考试的分数，让许多孩子面对考试时"如履薄冰"。像小帆这样的孩子，本身并非"学霸"，身上可能还有一些坏习惯，想让她次次考出高分其实有点难。但家长仅以分数论成败，无形中给孩子施加了过重的压力。如果老师也像家长一样，死盯着分数，而不考虑孩子的心理状态和实际的学习能力，就容易让学生越来越惧怕考试，从而对学习失掉信心。小帆的故事让我意识到，面对日常的考试，其实老师不用太计较分数的多少，而应该更关注如何呵护和激发学生的学习自信。当学生某次考试失误时，其实完全可以给学生一次"补考"的机会，帮助她逾越分数的鸿沟。这既是对学生自尊心的一种保护，也是对学生学习主动性的一种激励，更重要的是，不至于让孩子因为考试而失掉学习的自信。从这个意义上说，日常所谓的考试，在我看来，其实都不应该称为真正意义上的考试，它仅仅是检测学生学习效果的一次学习活动而已。通过这样的活动，是为了让学生在一次一次"考试"中反思自己的学习，养成良好的学习习惯。在这个过程中教师不能仅看分数，更应该引导学生去发现自己的长处，调整自己的不足，"考试"的形式和内容可以更加灵活、多元，甚至给予学生"补考、重考"的机会，让学生以更加自信的状态去应对学习和生活中的挑战。

期待，让改变发生

6月7日是高考开始的大日子，对于那些"十年寒窗苦读"的高中毕业生来说，这一天将是决定自己未来命运的重要一天。可是对于小学生来说，他们的心情似乎完全没有受到任何的影响。上课铃响了，我走进四（3）班教室，这帮"熊孩子"好像并没有收到铃声的讯息，依然在那儿三五成群、说说笑笑。三年级时我"临危受命"，接下这个全校有名的"淘气班"，经过了一年的"斗智斗勇"，学生的"疯"劲总算有些收敛，没想到，在这么有意义的日子，他们居然又现了"原形"。

我试图用犀利的眼神提醒他们——该闭嘴了！但除了几个文静的小女孩有所行动外，更多的人，尤其是那几员"猛将"依然我行我素，开心地聊着、玩着。我心中的焦躁之火已开始升腾，愤怒的火山一触即发。但是多少次的失败教训告诉我，"以暴制暴"并不能让这些"熊孩子"臣服，这样做也许能暂时收住他们的手、封住他们的嘴，但是却不能让他们翻腾的心真正平静下来。我试图让自己先冷静下来。该对他们说些什么呢？今天不是高考吗？那就从高考说起吧。"孩子们，有谁知道，今天是什么日子？""高考！"不少孩子叫了起来。我定了定神，继续说："你们知道吗，就在今天，老师许下了一个愿望。""什么愿望？"这激起了孩子们的好奇心，他们的注意力迅速集中了过来。我放低音量，继续说："今天是2016年6月7日，你们现在读四年级，我来算算，小学3年，初中3年，高中再3年，嗯，老师希望在 9 年后的高考结束时，能接到许多的电话。""电话？什么电话？""你们的电话呀，电话那头你们说：毕老师，我考上清华了；毕老师，我考上北大了……"教室里出奇的安静，突然，班里最淘气的小勋叫了起来："老师，我长大了是要考哈佛的！"全班顿时发出开心的笑声。我对他说："真好，记得给老师打电话哟。"小勋不好意思地点了点头。我再对着孩子们说："现在可以上课了吗？""可以了！"——那么整齐，那么响亮！整节课，孩子们的学习表现很棒，就连从来不做课堂练习的小勋也认真地在本子上做了几道题……

这件事让我想到心理学上一个非常著名的心理现象——皮格马利翁效应。人们基于对某种情境的知觉而形成的期望或预言，会使该情境产生适应这一期望或预言的效应。而今天，正是老师对学生的期望让他们产生了积极向上的情绪，从而去主动调整自己的行为，努力迎合老师的期望。

重新梳理自己在课堂上说那番话时真实的心理状态，也许在一开始有一些刻意为之——只是希望学生能赶紧安静下来。但是，在孩子们安静聆听老师的愿望的那一刻，我所说的每一句话其实都是自己心底特别想说的话。不正是这样吗，哪一位老师不希望自己教的学生将来有出息？只是日常与学生相处时太多的冲突、矛盾、不满意让老师将这份期待悄悄掩藏。这件事告诉我，如果你藏有期待，那就大声地说出来吧，因为期待，会让改变发生。

在接下来的日子里，在教学的过程中，每每遇到心烦意乱、不顺利的时候，我就会毫不掩饰地说出自己的期待。班里的投影仪时常"罢工"，调试机器时，我对孩子们说："投影仪不给力，你们能不能给点力呀！"在上某节数学课之前，需要学生先完成一份实践活动报告单，我说："明天，我需要几位'助教'，相信你们能为明天的数学课作好充分的准备。"……而期待，真的让改变一次次发生，等待投影仪重启的过程中，孩子们不再吵闹，会选择安静地完成其他的练习。为了赢得第二天上台展示的机会，孩子们会非常投入地完成活动所提出的每一项任务……特别是，在一次次期待与实现期待的过程中，我与这些孩子们的关系也变得越来越亲近了。课余，他们很愿意来向我倾诉——好的、坏的、烦躁的、开心的。有时甚至还没有等我回话，他们已经离开了，他们觉得只要跟老师说过了，就满足了。在和一位家长的对话中，我似乎找到了答案：为什么总喜欢找毕老师说话？因为毕老师看好我们呀。他说，要等着我们考上大学给他打电话呢。

　　人类本性中最深刻的渴求就是赞美。每个人只要能被热情期待和肯定，就能得到希望的效果，更何况是正在成长中的孩子。期待，让改变发生。

熟不一定能生巧，适合的才是最好的

女儿今年上一年级了，作为一名教师，辅导女儿学习的重任"理所应当"地落到了我的身上。作为一名老师家长，自己的女儿自然不能落后；作为一名老师的孩子，也或多或少地承担了比其他孩子更大的压力。

今天，女儿在学校里学习了汉语拼音的 26 个字母。老师的作业发了过来：复习 26 个拼音字母，明天默写。这 26 个拼音字母和英文的 26 个字母是一样的，女儿似乎学得挺好，她很开心地背了几遍，跟唱儿歌似的。既然会背了，那就开始默写吧。没想到，默写起来，那真是"惨不忍睹"呀。首先，虽然唱儿歌似的背诵听起来很熟练，但是由于许多字母的发音都是含混过去的，真正写起来，并不太容易。"A"的后面是"B"还是"P"，"L、M、N"这三个字母到底谁在前谁在后……女儿搞不清楚了。还有，拼音的小写字母虽然已经学了，可是大写字母是第一次认识呀，到底该怎样写，女儿犯了难。

熟能生巧！这可是至理名言，顺序不记得就多读几遍，字母的大写不会写就多写几遍。可是，女儿对这种重复的记忆和练习显然不太感兴趣，花了好长时间还是一样没搞定。

女儿："A—P。"

我："不是 P，是 B。"

女儿："哦，A—P。"

我："怎么还记不住，是 B！"

女儿："A……后面是什么？"

……

我："'h'的大写不会，是吧？那就写三遍吧！"

女儿抄完三遍。

我："记住了吗？"

女儿写到这儿，还是写不出来。

我："刚刚不是写过了吗？怎么又忘记了！再写三遍！"

女儿写到这儿，依然停住了。

我："天哪，为什么还不会写？你到底有没有认真记？"

……

我要崩溃了！我已经明显感觉到自己的眉毛在打皱，我说话的音量在变大。而女儿呢，在我眼里，彻彻底底成了一个"笨小孩"，任凭你怎么吼，怎么罚，不会的还是不会。时间在这焦灼与无奈中流逝。已经是晚上9点半了，平时这个时候女儿都睡着了。我只能无奈地作罢了。"明天的默写肯定是过不了关了，真是要丢丑呀。"

第二天早上6点半，我刚起床，本来总喜欢赖床的女儿却早已穿好了衣服。她正独自坐在书桌前默写拼音字母呢。看着她认真的样子，怜爱之情油然而生。对于今天的默写，女儿也很紧张，她其实和我一样，多希望自己能够得100分呀！我该怎样帮助你，我的孩子？时间紧迫，我开始尝试着改变方法。

我："有几个字母你比较容易出错，来，像爸爸这样，咱们来一个'重重读'的游戏好不好？"

女儿："什么是'重重读'？"

我："就是把容易记错的字母读得重重的！很好玩哟，我们来试试。"

……

我："嗯，你还有几个大写字母没记住，咱们是不是可以发挥点想象力呢？比如这个'h'，可以想象成是一把椅子，那它的大写'H'想成什么呢？是不是可以想象成靠着椅子的一张床呢？"

……

做游戏，编故事，这些可都是女儿的"强项"。她顿时忘记了焦虑，开心地"玩"起了"重重读"的游戏，也开启了她的"想象之旅"。"爸爸，你看，这个大写的'M'像一扇长着尖尖角的大门。这个大写的'Q'，我把它想象成气球，怎么样？……"在充满趣味的重音朗读和想象记忆中，女儿似乎一下子找到了学习的感觉，记不清字母的顺序和大写的问题得到了明显的改善。眼看上学的时间就要到了，我带着忐忑把女儿送进了校门。

下午，女儿放学了，她一见到我，就非常开心地拿出了她的默写纸，100分！居然是100分，这真的让我没有想到。昨晚默写时还是磕磕巴巴，漏洞百出，今天的默写她居然没有出错。女儿很开心，但我却陷入了沉思。试想，如果昨晚就能够像今天早上一样，辅导时多一些耐心、巧用一些方法该多好，也许女儿就不会因为记忆这样的一些字母而留下一段失败与痛苦的经历了。

即使我是老师，原来也会不自觉习惯于将学习的方法简单化，而忽略了学习的主体不是流水线上的机器，而是活生生的人。儿童与儿童之间有共性，但更多的是属于自己的个性的特征，这就决定了他们的成长轨迹必然不同，他们学习知识的方式也必然不同。死记硬背的学习方式其实并不适合所有的孩子。作为老师、作为家长，在掌握教育的共性规律的同时，更不应该忽略对孩子自身个性的了解，只有顺应孩子的天性，顺应孩子学习知识、认识世界的方式，才能让孩子对知识、对世界充满好奇与探索的欲望，在积极、正向的环境中去书写自己的成长轨迹。从这个意义上说，熟不一定能生巧，适合的才是最好的。

究竟是谁惹的"祸"

引子:

一天,和几个同事到饭馆去吃饭。席间,可能是因为饭菜特别不合口,大家颇有微词,纷纷"数落"端菜服务员的"不是",害得她连忙致歉。还是我帮她圆场,劝其代为向"厨师"转达,才平息了如此尴尬的境况。此时,我也冒出这样一个疑问:这到底是端菜人的问题,还是做菜人的问题呢?我们的数学教学中,是否也有此番境遇呢?

课改以来,老师们豪情万丈而又激情满怀地演绎新理念,课堂呈现出不少前所未有的激动人心的场面,给数学课堂带来了新的气息、新的生机与活力。但同时,由于缺少理性,也使课堂出现了不少漂浮、浮躁的现象。对于这些现象,部分老师无法正确认识其产生的原因和根源,导致课堂尴尬地不断重复,影响了教学的实效。因此,教师必须对课堂问题进行合理的归因。

都是多媒体惹的"祸"?

案例:

一位老师教《乘法的初步认识》时,仅导入这一环节就动用了不少的新型"武器",首先是利用多媒体出示一幅美丽的图片:小桥、流水、人家,9只小鸭子在河里嬉戏,一位老爷爷拄着拐杖在桥上数鸭子。这时音乐齐响、灯光齐亮，教师伴随着音乐唱起了《数鸭子》，边唱边舞，学生也随着歌声左摇右晃。接着，又播放了"淘气和笑笑的对话场面"，紧接着还搬出了实物投影仪进行演示……可谓是应有尽有。当多媒体演示结束时，孩子们仍旧纠缠于此，沉浸在声像俱佳、绚丽多彩的媒体动画中不能自拔，不愿回到课堂教学中来。后来，经过老师用尽几乎是"吼叫的训斥"，孩子们似乎才回过神来。难怪执教老师反思时会说：都是多媒体惹的"祸"！

思考：

"要充分利用现代信息技术，使其成为学生学习数学的强大工具。要让学生在生动具体的情境中学习数学。"确实，利用多媒体创设生动的情境，不仅能为孩子学习数学打开成功的序幕，也将成为促进他们主动探索数学领域奥妙的不竭动力。好的情境能拨动学生思维之弦，激活求知欲、唤起好奇心，能使看似枯燥、抽象的数学知识充满亲和力和吸引力，能让数学课堂变得富有诗意、精彩绝伦。然而，综观当下课堂，我们却发现：有的不惜血本、精心制作的精美课件不过是小黑板的"替身"；有的劳力劳神、不吝财力打造的课件只是教材的翻版；有的课件所演示的童话故事还不如教师口述来得真切和亲切；有的精致课件所展示的实物却是教室里随处可见的；有的信息老师可以唾手便得，却要拼命点击鼠标、忙碌链接方是"千呼万唤始出来"。难道我们费尽心血、精心制作的多媒体课件所期望达到的作用就是这样吗？这种"杀鸡用牛刀"式的"摆阔"值得吗？这样的课堂，多媒体不是"助教"，反倒成为"主教"，多媒体运用也成了教师搞花样、图热闹的工具，成为体现新理念的"标签"，美化课堂的"包装"，课堂更像是"先进教育手段的展示会"，就是难觅数学的踪影，不见教学的实效。像这样，纵然情境外表千姿百态，但细究下去却偏离主题万里，实在掩饰不了绚丽多彩空壳里空虚的内在。因此，媒体运用不能只图表面的热闹，更不能让过多的非数学信息干扰和弱化数学问题的呈现，因为偏离教学主题的情境，充其量只能算是课堂教学中的"点缀"。多媒体运用不能盲目，它应该服务于课堂教学，要"该使用时才使用"，切忌虚张声势。所以，错的不是多媒体，而是使用多媒体的人！

都是多样惹的"祸"？

案例：

下面是《两位数减一位数的退位减法》的教学片段：

首先，通过创设情境出示例题23–8，然后，经老师的"精心引导"，出现了如"老师期望"多样化的算法。老师也花了近一节课的时间，引导学生通过摆小棒等方式进行"全面"的探究、展示：（1）23–3=20，20–5=15；（2）23–10=13，13+2=15；（3）13–8=5，10+5=15。老师为帮助学生交流、共享各种算法的"价值"，就问：你是怎么想的呢？生1：我一看就知道了，不用想的；生2：这题我幼儿园时就会了，也不用想；生3：妈妈教过了，所以我记住了。在老师的·再追问下，终于，生4胆怯地说：我是用头脑想的。这时，老师有些不高兴和不耐烦了。可是，为了体现多样化，也只能硬着头皮"干等"，并时不时问"还有不同的算法吗？"又有一些同学被逼着"创造"出"不同"的算法。生5：10–8=2，13+2=15；生6：23–13=10，10+5=15；生7：23–5=18，18–3=15；生8：23–1–1–1–1–1–1–1–1=15；……接着同学们就面面相觑，无言以对，教学陷入了"尴尬"的局面。还好，下课铃响了，最后老师说："同学们的想法真多，你们喜欢用什么方法算就用什么方法。表扬一下自己吧！"掌声零零落落的。课后，老师埋怨道：都是多样惹的"祸"！

思考：

自主探究是新课程强调的一种重要的学习方式，特别是"算法多样化"更成为计算教学中的"精彩亮点"。"由于学生所处文化环境不同，生活背景和学习经验迥异，所使用的方法必然是多样化的。教师应该尊重学生的想法，鼓励他们独立思考，提倡算法多样化。"殊不知，这位老师由于对理念的演绎失度，把"提倡算法多样化"给绝对化、形式化了。其实，算法多样化并不是单纯地追求个体对问题的多种解法！如果只是"一厢情愿"地为组织探究而探究，逼着学生探究，那恐怕只能是"画蛇添足、舍本求末"了，必将造成学生假探究时"欲罢不能"的"尴尬"局面，势必强化孩子"空悲切"的情感体验。强调自主探究，倡导算法多样化是关注学生独立思考、弘扬个性的重要教学策略。但是，如果无视学生的认知经验、知识背景，片面地追求探究的"多样化"，煞费苦心地向学生"索要"多样化的方法，那它只能是造成学生在"低层次思维"的重复，或者"依他人之样画葫芦"了。因此，不是多样的错，而是教师缺乏理性的演绎导致假多样的尴尬，是浮躁的思想在作祟。

都是生活惹的"祸"？

案例：

教学三年级《找规律》一课时，教师组织了如下教学活动：（1）引入——出示周一的菜谱（肉丸子、青菜、南瓜），让学生进行一荤一素的搭配，初步感知搭配的意义。（2）展开——出示周三的菜谱（排骨、黄鱼、白菜、豆腐、芹菜），再让学生一荤一素自由搭配，体验有序搭配的优势。（3）巩固——出示周五的菜谱（肉丸子、虾、白菜、豆腐、冬瓜），让学生思考共有多少种搭配方法，有什么规律。（4）应用——超市购物（出示超市食品专柜，自由选一种饮料、两样主食、三种副食）。浓郁的生活气息充盈着整个课堂，因为学生始终在具体的生活场景中研究数学，整堂课看到的是菜名，说的也是菜名，写下的还是菜名。可是说菜名、板书排列方式所花费的大量时间，使教学在孩子们觉得别扭的菜名展示中被无情地消磨着。而且，由于这些菜名所引起的生理条件反射等干扰因素使学生无法触摸教学内容、不能领会数学知识，在无比茫然和十分惆怅的氛围中，不知所措。教师则在疲命于展示、忙碌于更正、纠缠于菜名中，无所适从。难怪他会说：都是生活惹的"祸"！

思考：

"数学教学要建立在学生的认知发展水平和已有的知识经验上，提供现实的、有意义的和富有挑战性的内容，使数学学习活动成为一个生动活泼的、主动的和富有个性的过程。"要紧密联系学生的生活实际，设计有趣的生活化场景，让学生体会到"生活中处处有数学"。的确，数学生活化，使学生感到数学就在自己身边，能激发他们学生的兴趣、维系他们学习的热情。但是，上述案例中，老师把联系生活进行了表面化和机械化的错误诠释，远离了生活化教学的初衷，出现了"本末倒置"的做法，使课堂变成单纯地研究学生的实际生活现象，淡化了对数学知识本质的揭示，导致学生对事物之间的关系和规律理解不深、把握不准，不能将生活现象提升到数学的高度，令教学因生活化而冲淡了数学味，使数学的力量和价值在这种被异化和泛化的生活化课堂中显得苍白无力。我们知道"数学来源于生活"，现实生活是数学学习的基础；可是我们更不能忘记"数学高于生活"，数学教学是对生活现象、关系的提炼和升华。其实，联系生活不是一种时髦，它的首要功能是必须抽象或提取出问题并为数学教学服务。如果只是为了联系生活而牵强附会的话，必然导致创设的情境背离了问题属性，这样的生活化必然会成为课堂教学中的一种"累赘"。因此，课堂教学的生活化，不能只徒有虚表，不能丢失"数学本色"，只有在孩子的生活经验和活动过程中注入"数学的思维成分"，生活与数学才能相得益彰、相映成趣。

实践新课程，正因为它的复杂性和挑战性而充满魅力；面对问题和困难，我们要理性审视、科学分析、合理归因，找出问题的根源，寻求突破的策略。只要我们理想永存、理性不灭、激情不减、创造不息，凭理性打造真实，让课改远离"浮躁"，一定能在课改大道上"一路走好！"

反思"热"的冷反思

随着课程改革的不断推进和深入，重建教研文化受到前所未有的重视。"专家引领、同伴互助、自我反思"成为教师专业成长道路上的一道亮丽风景。其中，教学反思，因其本身的特点，在课改实践中掀起了一股滚滚"热潮"，更成为课改进程中的精彩亮点。

古人语"吾日三省吾身"。的确，教学反思有助于教师积累教学经验、提升教学境界、历练教学艺术、形成教学特色。教师对教育教学工作的科学反思，是自身专业成长路上求真务实、趋利避害的"润滑剂"，是理性提升、动态刷新的"净化剂"，是不断追求、成就名师的"催化剂"。可是，我在下校调研过程中也发现了一些"不和谐"的现象，在倡导教学反思的"热潮"中，仍然潜藏着一些值得我们去理性面对和冷静反思的东西。

一、为应付检查而反思——浅思

教学反思的对象，顾名思义，应该是对教学过程中产生的种种现象的理性思索与深层探究。但是，部分实验老师为了应付各种检查，而去片面追求数量上的"达标"，把反思当作一种被动的外加负担（当然，硬性规定撰写教学反思的检查做法有待商榷）。教师只重描述，轻思考，只对教学过程中的教学实录进行机械回放和简单再现，而没有深入剖析个别现象背后所揭示的教育哲理，没有挖掘个别现象中所蕴涵的某种普遍的教育规律，更没有追寻偶发现象所产生的必然原因，也就不能把感性思考提升为经验理论了。这种有反思之名而无反思之实的"浅思"，只能耗费教师的时间和精力、磨灭教师的激情和灵感，使得教师纠缠在繁杂的日常事务上而逐渐产生职业倦怠。

二、为多出"成果"而反思——假思

教学反思是教师对教学过程中某些现象进行理性思考的载体，是教师专业水平发展的直接体现，也是教师教学研究成果的重要呈现形式。个别老师由于对"成果"把握上的偏差、理解上的失准，而热衷于回放教学实录、描述教学过程、记叙课堂事件，把这些当作是对教学的反思，因而他们更注重的是对客观事件的再现，只知道要源于课堂，而忽视要高于课堂，只是在散文式的案例描述结尾部分，机械式地套用些不痛不痒、可有可无的理论阐述，根本没有思考的意愿和价值，没有反思的痕迹和效果，使得反思异化为无病呻吟的空洞泛言，因而这样的反思充其量只能算是一种"形似而神散"的"假反思"而已。

三、为引领"潮流"而反思——误思

教学反思是行动研究的重要载体，也是促进教师专业成长的主要途径。在倡导教学反思的这股"热潮"中，部分老师对教学反思的认识存在着巨大误区，过分地强调撰写教学反思的功利取向。个别老师甚至为了所谓的"标新立异""引领潮流"，而凭空捏造出一些"课堂教学事件"，再以理想化的时尚理论加以修饰和美化，完全不顾教学事件发生的客观依据，更不考究时尚理论的科学性和适用性。这样的反思更要不得，因为它是一种使人看起来慷慨激昂，深究下去却是漏洞百出的谬误之思。

对于在反思热潮中的诸如记流水账式的案例描述、蜻蜓点水式的精彩赏析、空洞说教式的改进策略等"浅、假、误"的"病症"该如何"下药"呢？

一、案例描述——要真形再现

"真实性是教学反思价值体现的重要标准。"好的教学反思，一定是真实的。真实的案例描述，才能有本真的课堂常态作支撑。教学案例的真形再现，让我们得以准确查找教学中的疏漏之处，合理汲取成功经验，科学总结失败教训，确定追求和向往的更理想的教学境界，才能让我们避免"重蹈覆辙"的"尴尬"，感受"激情燃烧"的澎湃，借鉴"成功演绎"的艺术。尊重课堂、尊重本源，让案例真形再现，发现问题就有了深思的媒介，整改问题就有了努力的方向。有这样的案例，教者的研究与改进才有支撑，读者的赏析与借鉴才有价值。倘若是凭空捏造的案例，顶多只是一纸空文而已。

二、精彩赏析——要真情流露

常态下的课堂教学，时常会有创造的闪现、灵性的碰撞、智慧的迸发。对于这些教学精彩部分的赏析，体现着教者的教育理论素养和艺术感受能力。我们进行教学反思时，要实实在在地思考哪些环节设计取得了预期效果和有待改进，哪些精彩片段值得仔细咀嚼和与人分享，哪些突发问题令你措手不及并引发思考，哪些灵感迸发可以深入挖掘和总结升华。我们既要"赏"到课堂教学的精彩之作，更要"析"出精彩之作的来源，不断探究精彩背后所蕴含的更有价值的共性问题，不断挖掘促成精彩发生的内在规律，以期望让现有的精彩不断催生出更多的精彩，以让"零星之火"引发出"燎原之势"。因为只有源于对精彩教学的有感而发、由衷感慨和有理辨析的真情流露才是最有价值的反思。

三、改进教学——要真抓实干

教学是一种永远有缺憾的艺术，再精彩的课堂教学背后都潜藏着值得商榷与有待改进的瑕疵。"教然后知困，学然后知不足"。反思课堂教学，透析遗憾之处，把握存在问题，畅想完美境界，就必须在改进教学策略上真抓实干：要以科学的教育理论为引领，提高教学素养，期待达到"会当凌绝顶，一览众山小"的境界，要以实干的工作态度作保障，切实改进教学，享受"山重水复疑无路，柳暗花明又一村"的愉悦。比如：反思"合作有效性"，就必须在"合作的指导和组织"等上下功夫；反思"对话教学"，就应该在"学会倾听与善于接纳"上动真格等。因为只有在实践中才能解决实践中的问题。如果仅停留在憧憬与设想上，不去实践，不敢尝试，不愿探索，那永远也不能享受到真正有生命的课堂教学魅力。教学反思的实践价值和最终归宿也就在于此。

"博学之，审问之，慎思之，明辨之，笃行之"所反映出的教师专业成长辩证融合的动态过程昭示：我们要以科学理论提高教育素养，以科学思维看待教学事件，以科学反思丰富个人积淀，让反思在执着与专注的精神引领下，朝着教育理想不断逼近，因为这才是有生命、有价值的教学反思。"经验＋反思＝成长""我思故我在，我思故我新"。我想：凭反思提升经验，让经验促进反思，使经验多一点理性，让反思更加真实，愿我们以此共勉，共同走进"反思不止、收益无穷、进取不断"的成长广阔天地。

"旧貌换新颜"的假象　"新瓶装旧酒"的尴尬

随着新课程实验的不断推进和深入，"自主、合作、探究"的学习方式逐渐成为课堂教学中的精彩亮点，"民主、平等、和谐"的师生关系使课堂充盈富含人文关怀的融洽氛围。课堂也呈现出一些少见的"迷人景观"：情境创设"粉墨登场"、合作交流"百家争鸣"、自主探究"百花齐放"、考试命题"花样百出"……真可谓是"旧貌换新颜"。但审视、反思我们的课堂：理念与行动仍有脱节现象，形式和内容缺少辩证统一，部分老师"只顾着自己心中预想的做法"，在不知不觉中陷入了"好心做坏事"的"泥潭"。因此，课改实践，别让"旧貌换新颜"的假象迷了眼，应避免警惕"新瓶装旧酒"的尴尬。

创设情境，却令孩子"众里寻她千百度"

恰当的情境创设，不仅为孩子学习数学打开成功的序幕，也会成为他们主动探索数学领域奥妙的动力。因而，教学情境的创设不仅要有激趣的作用，更重要的是它应蕴含学生将要学习探究的数学信息、数学内容，同时要求情境与学生的生活、教学的实际及学生的知识背景、认知基础紧密联系起来，这样才能起到"未有曲调先有情"的良好效果。如果仅仅是为了追求时尚而绞尽脑汁捏造情境，只能是"事与愿违"的"一厢情愿"罢了。比如，一位老师执教《平行和垂直》一课时，创设了这样的生活情境：两只铅笔掉在地上，可能会出现什么样的图形？让学生独立思考，把可能出现的图形用铅笔在桌子上摆一摆，然后再把典型的图形展示出来。接下来的情形就可想而知了：教室里"沸腾"了，铅笔掉在地上响起的"劈里啪啦"声，此起彼伏。可是到了展示的时候，一组接一组地汇报，一个接一个地展示，老师预想的"垂直与平行"就是"千呼万唤不出来"，同学们在老师急切的期待中，搜肠刮肚、轮番上阵，始终弄不明白老师要的是什么，也只能是"众里寻她千百度"了……为什么会这样呢？根源在于老师的"一厢情愿"。理论上，两只铅笔掉在地上是会出现垂直和平行这两种情况的，可老师想过没有：在有限的 40 分钟里，一般相交（不垂直）、垂直、不相交（平行）三种情况出现的概率相等吗？当然不等。也许，把整节课的时间都用来"扔铅笔"也未必会出现"垂直和平行"。因此，创设情境应谨慎，千万别令孩子"众里寻她千百度"，还苦了他们。

捕捉资源，却使孩子"几家欢乐几家愁"

课改进程中，资源多样化意识的发展，使得教师在课堂上面对稍纵即逝的"意外"时，往往能巧妙地加以利用。的确，错误资源的正确引导、差异资源的有效挖掘、社会资源的合理整合，使课堂教学更丰满更充实。老师们积极捕捉、挖掘、利用和生成各种资源，是实施有效教学的重要策略。然而，在教学实践中，捕捉资源，如果仅从有利于知识教学的狭隘角度出发，"一厢情愿"地只关注教学素材的选取、偶发事件的处理，而忽视了个别学生的情感体验，就会导致人文关怀的丢失。比如，在"两位数加两位数"的笔算加法教学练习时，教师巡视到学生 A，像是发现了"宝藏"似的，迫不及待地把这位同学的练习本收起来，学生 A 按住本子急着说："我还没做完呢，老师！""我知道，没事的。"老师唯恐"得而复失"，强行收起了她的本子。在讲解反馈时，老师特意把学生 A 的本子放在投影仪上展示了出来，并说："××同学，这样做，对吗？"接着就组织评价、交流。"她很粗心，没把得数写在横式上。""她太马虎了，连直线都没画直。"……大家把眼光投向了她。这时，老师语重心长地说："对，这些同学观察得真仔细，你们可千万别像她这样啊……"老师"满意"地肯定了他们，被表扬的同学也"得意"地坐下，只有学生 A 满脸沮丧，木然地坐着。诚然，老师认为学生是重要的课程资源，并积极捕捉来自学生的典型素材加以利用，这本身没错。可是，老师却"一厢情愿"地以"牺牲"个别同学的自尊心来换取所谓的"资源"，造成了"几家欢乐几家愁"的课堂局面，那就"得不偿失"了。

组织合作，却使"有人欢喜有人忧"

合作学习是一种重要的学习方式，能有效地弥补一位老师面对众多各有差异的学生的不足，并有利于培养竞争意识和合作精神。但它也并不是一种"用之四海皆有用"的"灵丹妙法"。我们不妨一起来"回放"下面的镜头：老师一"发布"合作交流的"指令"后，只见孩子们围坐在一起，前排学生"刷"地回过头，满教室是嗡嗡的声音，每个人都在张嘴，可谁也听不清谁在说什么。有的小组长则唱"独角戏"，一个劲地嚷嚷，其余同学就只有当听众的份了；有的学生则茫茫然，不知所措；更有的同学干脆把此时作为玩耍的绝好时机……几分钟后（甚至更短）老师一声令下："停！"全体同学立即安静下来。被叫到的同学一张嘴就是"我认为……"（压根就没有合作的痕迹），慷慨激昂；想发言而没被叫到的同学则只能唉声叹气；无言以对的同学则怕被叫到而诚惶诚恐或暗自庆幸……这样的合作有效吗？表面上热热闹闹，背后却可能是低效，甚至是无效。合作学习固然是一种重要的学习方式，可我们却把它演绎成热热闹闹地走过场，成为课堂教学中的"点缀"和"累赘"。学习内容的性质决定了合作的时机各异，学习个体的认知差异及学习习惯决定了是否采取合作学习，学生的个性特点在合作学习中的表现也各不相同：有的"表现欲强，喜欢高谈阔论"，有的则喜欢"静坐沉思，独立思索"。总之，"适合的才是最好的"，如果我们不加选择地组织合作，势必造成"有人欢喜有人忧"。我们的学生也只能发出"其实你不懂我的心"这样的感慨了。

编制试卷，却让孩子"像雾像风又像雨"

"考试不改，课改寸步难行"这个振聋发聩的口号，使人们把矛头都指向了考试。因而，考试也积极地进行了一系列的"改革创新"：在形式上尽力体现人文关怀——友情提示激励性、标题设置意境化、呈现形式趣味性、尊重选择个性化等，借以追求让学生"考"出愉悦的感觉；在内容上也努力体现多样统一——突出现实性、体现开放性、追求综合性、倡导体验性，借以"试"出学生的全面素质。上述种种，确实令考卷有了"耳目一新"的感觉。可是，不知是我孤陋寡闻，还是没能与时俱进，或是缺少创新精神和开放意识，我在深入研究这些试卷时，总觉得有点不对劲。翻开现在的试卷，可真是"改头换面、彻底更'心'了"。试卷上时不时冒出诸如"胆大心细，审题仔细""小心！这里有陷阱""加把劲，快成功了""认真、细心是成功的关键""相信你能行"一类的话语。殊不知，精神集中地紧张应考的学子们，当他们全身心投入到考试中去时，看到这些"友情提示"后会有什么样的感觉呢？更何况像"仔细审题、弄清题意"等基本的学习方法和态度，要不是在平时的教学中加以渗透和培养，恐怕单凭试卷上的"提示"也"于事无补"吧？为了让孩子有轻松的应考心理，又何必用"陷阱"来增加恐怖气氛呢？还有，如果平时学习不用功，知识掌握不牢固，即使让你在考试过程中再"加十把劲"，我看也只能算是出"蛮劲"罢了！"相信你能行！"——我自己都不相信自己了，你相信有何用？我想，正在百思不得其解的同学肯定有如此的"牢骚"吧！有的试卷更富"创新精神"，像"快乐 A、B、C""涂涂画画真有趣"等标题，乍一看，你能猜出是什么要求吗？还好，命题的人也"估计"到你会看不懂，所以特地又在后面用小括号注明："选择一个正确答案的序号填在括号内""操作题"，这又何苦呢？再说了，你要是不懂如何做，还能"快乐"吗？要是该选"D"，那么标题是否成了"误导信息"呢？不止这些，有的试卷为了增强"体验性"，强调"学科整合"，提供了"田忌赛马"这样的故事材料（材料略），并让学生思考："A. 你从故事中学到了怎样的研究问题的方法？ B. 这种方法是否可以用在你的学习中，请举例。"我想，这样的试题，也许，学生能体验到的只是更多的"茫然"吧。

这样的"整合"，不考也罢，免得学生感觉"像雾像风又像雨"，还是让孩子们"清清楚楚考试，明明白白作答"为好！

实施新课程，正因为它的复杂性和挑战性而充满魅力；同时，实施新课程，也不单要有热情，更要有理性，愿我们共勉：课改实践，应凭理性打造真实，让课改远离"浮躁"，别让虚假的"新颜"迷了眼，避免"新瓶装旧酒"的尴尬。

由"这个问题我们课后再讨论"引起的思考

参加教学视导活动，听了不少家常课和评优课，在为老师们积极改造课堂的勇气、新意和创造而高兴的同时，有一个现象引起了我的思考。那就是在很多课堂上，时常能听到授课老师脱口而出的"这个问题我们课后再讨论"这样的话。凭我的直觉，这绝对不是偶然现象。后来，通过交流聊天、小型问卷得到的结果正好验证了我的判断。原来，"这个问题我们课后再讨论"已经成为教师应对偶发事件的"万能法宝"，成为他们避免尴尬局面的"坚强盾牌"，这不由得引起了我的思考。

情景一：始料不及，敷衍之词

下面是四年级《商不变的性质》一课的教学片段：

师：请你写出几个商是 2 的除法算式，并在算式中挑选 2 个算式，观察一下，当被除数和除数发生怎样的变化，商才不变呢？（小组活动）

生：我挑选的算式是 $12 \div 6 = 2$、$18 \div 9 = 2$，我发现被除数增加 6，除数增加 3，商不变。

生：我挑选的算式是 $24 \div 12 = 2$、$16 \div 8 = 2$，我发现被除数减少 8，除数减少 4，商不变。

生：我挑选的算式是 $16 \div 8 = 2$、$8 \div 4 = 2$，我发现被除数除以 2，除数也除以 2，商不变。

生：如果把这 2 个算式倒过来看，我发现被除数乘以 2，除数也乘以 2，商也不变。

师：我们现在已经有了 4 个商不变的规律，你觉得哪个规律用起来方便呢？（小组讨论）

大部分学生认为用"乘以或除以"这个规律方便，但也不少学生坚持认为"加上或减去"也很方便，课堂陷入了争论不休的局面，谁也无法说服谁。

师：（急躁地、有点不耐烦地敷衍）到底是哪种规律比较简便，我们课后再讨论。书本上是说"乘以或除以"用起来方便，我们就用这个规律。

持有不同看法的学生一副悻悻的样子，满脸的不服与纳闷。教师却心安理得地按照自己预设的教学流程顺利地把课进行下去……

思考：

"到底用哪个规律方便呢？"这个问题真的要课后再讨论吗？完全不必！面对教师如此牵强的敷衍，孩子们会心悦诚服、心甘情愿地认同吗？肯定不会！持有不同意见的学生此时必然还停滞在刚才的思维兴奋区域，因为那是他们真实的发现、真切的体验啊！遇到这一无法预约的真实资源，教师却因始料不及，更为了保证教学能按部就班地顺利进行，便简单地操起"这个问题我们课后再讨论"这个消极的盾牌，使难得的生成遭到无情的扼杀，实在是可惜！其实，教师只要灵机一动，创设一个比较情境，提供探究的载体，引出 24÷8=3 这个算式，让学生利用刚才发现的规律，写出 3 个商相同的除法算式，并比一比，谁写得最快。然后，通过反馈使学生深刻体会到"乘以或除以相同的数，商不变"这个规律更简便。俗话说："实践是检验真理的唯一标准。"如此教学，让学生亲历知识产生的过程，持有不同意见的孩子定会豁然开朗，而无须教师多费口舌。因此，教学中，教师面对意外信息时，应积极相机行事、及时把握资源、巧妙化解尴尬，使教学更富生成意义，使孩子更加心悦诚服，而不是以一句"这个问题我们课后再讨论"敷衍了事。

情景二：囿于预设，搪塞之词

下面是《角的认识》一课教学时出现的情景：

当教师顺利完成课堂教学预设的教学目标后，教师让学生动手操作。

师：现在请同学们用准备好的小棒、钉子板、橡皮筋等材料自己动手制作角。

学生立刻动手操作起来，教师巡视指导。几分钟过后……

师：同学们，让我们来进行一次才艺展示吧。

学生纷纷展示自己制作的角。有能活动的单个角、有三角形、有四边形、有用橡皮筋在钉子板上拉成的五角星……学生所展示的各种图形都在教师的预料之中。教师频频点头，脸上流露出灿烂的笑容，心中自是很高兴。

突然，有一位女孩兴奋地说："我跟××同学不一样，我也是用了3根小棒，可是我的图形中有5个角。"该生用渴望的眼光望着老师，其他同学也投来好奇和期盼的眼光。

师：（愣了片刻，似乎有些惊讶又有点不耐烦的样子）那你说说你是如何拼的？

这个女孩在座位上激动而又认真地比画一番后，教师似乎还是听不明白。

师：你的这种方法到底可行吗？

该生涨红了脸，还想要继续说明，可是，这时教师打断了她，有些不高兴地说：这个问题留着我们课后再讨论……然后立刻回到自己的教学设计中去了。

思考：

"到底可行吗""这个问题留着我们课后再讨论"，我们不难看出：教师面对这个"异端"时，熟练地以"这个问题我们课后再讨论"为挡牌，把"包袱"甩到了课后。原来，课堂中出现的这个"突发事件"，执教者在进行教学预设时并未想到，更没有认真地思考过这个图形到底有几个角。于是教学便囿于预设，使预设成为教学的樊笼。我想，此时，教师大可放手让该生到讲台上示范操作一下，并引导全班同学共同验证，以促进个体资源的效益最大化，让个体的发现成为群体共享的资源，这样，既能保护善于标新立异的孩子的自尊心，又能建构敢于创新、个性张扬的课堂文化。教学时，教师不能拒绝孩子的"旁逸斜出"，也不能害怕他们的"奇思妙想"，而应使教学从"执行教案"走向"动态生成"。如此，我们的孩子才会有创新、有个性，我们的课堂才会有生机、有活力。因为生成常常伴随着意外而来，所以面对课堂意外时，教师绝不能囿于预设而搪塞了之，不能让精彩悄悄溜走。

情景三：点缀课堂，冠冕之词

二年级《角的认识》一课，从"角"的引入到"角"的具体认识，再到画"角"的动手实践，每个环节都天衣无缝，教师引导有法，学生探究有序。在离课结束还有好几分钟时，教师出示了这样一道题："请看下面的大风车图片，上面有哪几组不一样的角？（图形略）请同学们讨论一下。"孩子们迅速动手比画，激烈地争论起来，"小脸发红、小手直举"，脸上写满了发现的惊喜、收获的激动。而教师却强带着生硬的笑脸在那里站着干等，似乎还在期盼着什么，丝毫没有要组织汇报的样子……等到下课铃响起，教师才轻松地宣布下课，并说"这个问题我们课后再讨论"。此外，还有《包装中的数学》一课，教师出示了"包装礼盒"的实践操作题，《生活中的数学》一课，教师出示了"设计装修方案"……虽提供讨论的问题各不相同，但教师的解决办法却是出奇的相似，都是以"这个问题我们课后再讨论"为结束语，看起来似乎有"异曲同工之妙"。

思考：

是探究不出吗？不是！孩子们早已"小手如林"。是时间不够吗？也不是！尴尬地苦等可以为证。那么这又是为何呢？原来，设计时，教师根本就没打算要组织讨论、交流，这只是预设中的一个程序，一个用以体现新理念、标榜新课堂的"标签"，教师期许借此使课堂呈现"亮点"。可我就纳闷了：《角的认识》一课的片段中，明明有充裕的时间，教师为何不组织交流呢？《包装中的数学》一课，教师为何不引导学生进行展示呢？原来，这些只是教师用来"点缀"课堂的"妙招"。殊不知，一句"这个问题我们课后再讨论"的话，却使"亮点"变"黑点"、"点缀"变"累赘"了。我就疑惑：

这些课上，究竟有多少问题课后真讨论了？有多少问题课后值得讨论？有多少问题需要等到课后再讨论呢？我想：有些问题，课堂该讨论时就讨论，课后讨论时要关注。唯有如此，才不会让教师变成"言而无信"的人，才不会令孩子变得"虚假浮躁"。因此，我们该慎用"这个问题我们课后再讨论"，别使它成为冠冕之词，倘若只是用来点缀课堂的话，那就得不偿失了！

打破关住自己的门

一个木匠做得一手好门。他给自己家做了一扇门，认为这门用料实在，做工精良，一定会经久耐用。

过了一段时间，门的钉子锈了，掉下一块板，木匠找出一颗钉子补上，门又完好如初。不久又掉了一颗钉子，木匠又换上一颗钉子。后来，又有一块板坏了，木匠就找出一块板换上。再后来，门闩坏了，木匠又换了一个门闩……

若干年后，这扇门虽经无数次破损，但经过木匠的精心修理，仍坚固耐用。木匠对此甚是自豪：多亏有了这门手艺，不然门坏了还不知如何是好。

忽然有一天，邻居对他说："你是木匠，你看看我家这门！"木匠仔细一看，才发觉邻居家的门一扇扇样式新颖、质地优良，而自己家的门又老又破，满是补丁。木匠明白了，是自己的这门手艺阻碍了自家"门"的发展。

各位教师朋友，看了这个故事，你有什么想法？是否觉得，学一门手艺很重要，但换一种思维更重要。行业上的造诣是一笔财富，但也是一扇门，会关住自己。面对全新的变化、全新的世界，要有勇气、有决心打破关住自己的这扇"无形门"，及时反思和提升自己的"手艺"，这样才能看到外面更美丽的风景。

确实，细细思量，才知道要"打破关住自己的门"真的很不容易，我们压根儿就没有想到去打破。

从自身的职业生涯来说，在十几年前有两次机会改行，可我执意要教书，因为我喜欢这个职业，喜欢和孩子们在一起，总是认为其他行业固然好，但不是我所喜欢的，总是很自信地说不是担心自己做不好，而是担心自己变成了为了官位、为了金钱而没有良知的人，而且看见很多单位的人无所事事，感觉来到这个世上，仅仅是为了每个月去领工资，总是对这样的人生感到不屑。到现在知道这件事的朋友还在为我惋惜，但我不后悔，因为我在这扇门内做着我喜欢的事。

　　从工作环境来说，近几年来，在成都有两所学校的朋友多次要我加盟他们的学校。这两所学校对于很多人而言是可望而不可即的，而我却拒绝了，理由是我喜欢我现在所在的城市，没什么污染，天高云淡，每每谈起家乡我总是很自豪。而就在上学期结束的时候，一所本地正在兴起的学校的领导找到我，希望我加盟，我也拒绝了，理由简单而有些荒唐，那就是我感觉我现在在这里工作很好，我要学会感恩。于是，我又回到了起点，回到了千篇一律的几十年如一日的生活中。现在有些许后悔，但很快就调整了心态，随遇而安，也正因为这样，我还是把自己关在了这个已经待了十几年的门内。

　　回到我们的教学中来说，课改了这么多年，但是实质上如何？很多人还是一样——照旧。就在前两天聊天还说到，我们有些老师（包括我在内），口头上总是在谈如何实施新理念，但在课堂上总是把新理念抛在脑后，还有更多的老师，特别是一些比较优秀的（就是学生能考出好成绩的）老教师总认为自己的就是最好的，甚至骂教材、骂专家，认为课改没有一点好处。更有甚者，明知道自己的不对，你给他指出来，或者教他怎么做，他不但不接受还回你一句"那是你的学生，我们那些学生就行不通"。那么是学生不行，还是老师不愿意接受新的东西？是学生不行，还是老师总是把自己关在心门之内？

　　我们似乎总是对那些想到哪里工作就到哪里的人充满了钦佩之情，因为他们打破了关住他们的门，或者说根本就没有门能关住他们，他们才真正经历着丰富多彩的人生历程。

　　我已经一次又一次地失去了这样冲出心门的机会，真心希望每一位朋友不要让心门关闭自己，走出去，世界会更精彩！

和朋友谈"人生价值"

"一个人短短的一生，父母养育了我们，我们的价值在哪里呢?"这是一个朋友留给我的一个话题。

人的一生是短暂的，有的人在离开这个世界之后，人们还在谈论着他，也在升值他的价值，也有的人在工作岗位上可有可无，任何一个人都可以取代。

任何一个人，他的价值取向不一样，他的奋斗目标也就不一样，那么他的作为也就不会一样。有的人，就喜欢平凡的一生，不去追求，平平安安就好，因为这样可以不累，做到什么程度自己说了算。他们可以不去加强学习，也不必去深造，他们就做他们能做的事，遇到不能做的，就以一句"我不会"作罢；而有的人就喜欢追求，他们不仅仅是完成自己分内的事，还总是让自己的每一天不虚度，他们总是挑战自己，一旦有新的理念、新的观点、新的方法，他们总是要身先士卒，去验证，去实践，甚至牺牲自己已有的一切，但这样一来，他们很累。就如张丹教授说的，她属于后者，所以她很累，晚上一般没有 12 点以前休息过，但是她最大程度地实现了自己的人生价值。辉煌老师也曾说过"我的价值不大，但我尽力升值"。所以，他在努力地学习，"我要求自己活一天就让它有所得，哪怕是一丁点的"。这就是他的生活，他要让自己的每一天都有价值。而这也是一件很累的事。至少要每天去坚持，每天去挖掘，每天去反思。但是他们都没有感觉到累，相反，他们很快乐，因为他们的每一天都没有虚度，都在让自己的价值升值，他们累但很幸福！

"一个人的一生不可能是完美的，但为了价值更高些而努力去奋斗。"是啊，没有一个人到临终的时候说"我这一生将我的价值提升到了最高境界"。人们总是有些遗憾，带着遗憾而去。但是一些人在世时创造了很多的价值，而有的人仅仅是证实了自己到这个世界上来过一趟，如何让自己的价值得到认同，如何让自己的价值更高？这就需要我们自己去多思考，多反思。价值的创造不是一句话，而是一个人的行为意义的体现，那么我们想到了什么，又做了一些什么，还有什么可以做得更好的？辉煌老师的几句话，可以让我们想到很多，他说："所以我想学的就要学到位，当了一辈子老师就要相称。""要做一名名副其实的老师，而不是误人子弟的教书匠。""要让世人都承认我是一位好老师，也要让我的孙子叫我一声老师。"……平凡的语言，细思量，却很不容易做到。这需要坚持，需要勇气，需要胆识。

"活到老学到老""为不留退路而奋斗""发展是向前的，不要一直往后看""价值就是要对得起自己"……这是朋友给我的谏言，也是对我们每一个想最大程度实现自己的人生价值的人的谏言，我们都不是想碌碌无为的人。但是因为有的人目标明确，所以成功了或者在走向成功的道路上，而有的人目标不明确，为自己的"无为"找了很多借口，所以，计划一大堆，思想一长串，就是没有行动，没有真正去做，人生就这样在犹豫中虚度了，留下的是"空遗憾"。

想到了，就去做，这样你的人生价值就会在不同时间段有不同的提升，也会在不同的人生阶段有不同的价值意义！

"没关系，老师等你"

这是一句习惯性用语。

一句习惯性用语折射出老师对学生的尊重，也折射出在老师意识深处学生的主体地位。也就是这样的一句习惯性用语给老师和课堂带来精彩。

当学生站起来却不会准确地回答问题时，"没关系，老师等你"给了学生无穷的力量，也会促使学生保持镇定，立即思考，有序回答。每当此时，班上其他学生都会情不自禁地报以热烈的掌声。因为这掌声，学生更加自信；因为这掌声，同学之间的友谊更加深厚；因为这掌声，孩子更加喜欢课堂。

当大家都在专心听讲，而个别孩子却在玩东西时，老师停顿片刻，这停顿的片刻时间，因为"不一般"而会引起大多孩子的注意，当然也会引起不听讲的孩子的注意，此时，有很多老师会"气愤"地指责一番，但作为一个有智慧的老师，在停顿的片刻应该及时调整自己的心态，进而看着孩子说"没关系，老师等你"。此刻虽没有严厉的话语，却会深深地刺入学生的灵魂。接下来学生会认真地听讲。大家没有生气，有的只是心平气和，以及课堂上的又一次精彩。

当学生在做公益劳动时，一般不会把上课铃声当回事。因为这些人往往是一些班级干部，下达任务的，一般是或班主任，或少先队大队辅导员，或德育处，甚至校长。他们小小年纪似乎也知道轻重，似乎以为是领导交代他们做事，可以有借口不理一般老师。所以，上课铃声响起，他们可以充耳不闻，能快速做完的，也总会磨磨蹭蹭，延误时间。每当此时，我们一样可以跟他们说"没关系，老师等你"。但事后，我们要让他们明白孰轻孰重的道理，一开始，孩子们会以为老师怕领导而不会干预他们，因为他们很单纯，也会真的以为我们可以等，哪怕是一节课。但当我告知他们我们的时间安排，还有大多数学生就等他们几人，而他们完全可以很快做完早早到班上，让大家不用等时，孩子们总是加快完成任务的进程，不再拖沓，以前30分钟才能完成的任务，现在10分钟就可以搞定。

"等一等"是一种教育艺术，而将"等你"告之不同状况下的学生，收到不同的效果，却是一种教育智慧。对于我们"等"的孩子，这样的语言是一种提示，而对于其他的孩子也是一种暗示，同时，对于大家又是一种警示。很多孩子会理解到"警示"作用，而作为老师，我们要与学生真诚相待，说话算话，不过在处理的过程中可以变通：当学生学习速度变慢时，我们可以等；但是，当学生故意拖拉时，我们不仅不能等，还应当借机教育。

"没关系，老师等你"，在等待中，学生成熟，在等待中，学生发展，在等待中教育学生，我们共同进步……

学校："童趣"释放场

这天一到学校，我所任教班的班主任老师就问我："昨天你没有将学生送出学校门口？"我肯定地回答道："是的。送到楼梯口，我就回办公室了。"她接着说："有7个孩子到操场玩水了。德育处登记了，要扣班上的分。"我听了，没有说话，但是我在思考：什么是童趣？什么是快乐童年？在我的印象中，自己小时候下课后最喜欢到操场玩水了……

记得六年前，我所在的城市下了一场好大的雪。我兴奋极了！孩子们当然比我更兴奋！因为这样的壮观景象是很多人都不曾见过的。于是我和孩子们一起与教导处的主任玩起了"捉迷藏"的游戏。当广播里没有说"不准"的时候，孩子们全部进入操场，想怎么玩都可以；当听到"不准"的严厉批评声音时，大家才全部返回。就这样折腾了两节课。孩子们在感到好玩的同时激发了尘封已久的童趣。

而在五年前，同一个班级的孩子们更是享受了"大雪"的恩赐，玩得很疯狂！那天中午我一进学校的大门口，十几个满脸、满手通红的女同学跑到我的面前，让我不要进教室。我很纳闷，为什么不让我进教室呢？一位女孩子憋不住了，脱口而出："教室里有陷阱！"她这样一说，其他同学也就七嘴八舌地说起了那所谓的"陷阱"。原来是男孩子们做了一个直径60厘米左右的雪球，等我进教室的时候要向我发起攻击。我听完之后马上吩咐女孩子们为我准备"武器"——能拿在手中的雪球！我和另一部分女生径直走到了教室门口。接下来就是20分钟的"雪仗"：女孩子是我的坚实后盾，男孩子是我的"敌人"！可以想象那是如何的酣畅淋漓！上课铃响了，我们用了一节课打扫"战场"……

这些回忆对于孩子们来说是长久的，甚至是一辈子的。那是童年留给他们的礼物。当时，我没有考虑孩子们会弄湿衣物，也没有考虑这样做会破坏校园里的雪景，更没有害怕孩子们的安全问题！我们有的只是痛痛快快地玩！而就是这样，孩子们没有感冒，没有出现安全事故，也没有破坏校园。

前一天，下了一整天的雨，学校的塑胶操场成了天然的浅水滩。好奇的孩子们没有感觉到冷，而是在水中央尽情地嬉戏。而这童趣导致的结果是在主席台上的罚站，是为班集体抹黑，是扣除同学们辛苦挣来的积分，是班主任的不开心……这天，孩子们没有了昨日的兴奋，看见诱惑人的美景，也只是不经意地瞥一眼，是孩子不喜欢，还是心有余悸？我想不需要我来明说了。

"童趣"就这样被活生生压抑了！为什么不可以玩？也许别人要说为了学生的安全，因为担心感冒，那么我想说，孩子们已经玩了，而且马上就可以回家，他们不知道处理吗？既然怕孩子们感冒，又为什么要让浑身湿漉漉的孩子在冷风中罚站呢？其实，孩子们在玩耍的过程中，一般是不会感冒的。也许有人会说，是为了保护学校那几万元钱的"塑料草坪"，可我想说这个草坪已经使用了将近十年，不要说没有保护的必要，就算要保护，也不应该让孩子们扫兴啊。

我思考许久，想到这样一句话：限制越多，孩子们越不幸福；限制越多，孩子们就越没有创新意识；限制越多，我们的教育就越失败！作为学校的管理者，对学生可否少一些限制，多让学生释放一些"童趣"？

15 李玲玲卷

看见儿童

　　2018 年的六一儿童节的庆祝活动，我们以"让儿童过自己的节日，让老师成为儿童"为活动策划的思路，没有邀请嘉宾，只是让老师、家长和孩子们一起联欢。当女老师们穿着漂亮的白色公主裙和孩子们一起走起猫步时，台下的观众不由自主地欢呼起来。特别是一年级小朋友叫起他们的老师，很有粉丝追星的感觉。要知道，在上课、改作业、处理繁杂班务的间隙，她们挤出时间自己在办公室偷偷排练，才有了台上的精彩展示。老师们上台表演，给了孩子们更多的惊喜。

　　在义卖活动中，老师们和孩子们一样拿着零钱，一个一个摊位地逛，挑选心仪的物品。两位年轻老师在棉花糖摊位上跟孩子一起排队，然后拿着一小团棉花糖惬意地边走边吃，看到镜头还调皮地吐了一下舌头。不一会儿，老师们手上基本都有了"战利品"，路上遇到，就开心地互相炫耀买到了什么中意的玩意儿，又遗憾着哪种物品自己手慢没有抢到。微信朋友圈，都是大小朋友们快乐过节的活动照片。特别感动的是，不仅有小朋友们大呼"今天真开心"，很多老师也跟着分享了节日的快乐。

　　"班上小男生偷偷跑进办公室送了我这罐'三无'产品，他告诉我这是燕窝，吃了会变得更漂亮，我激动地给了他一个大大的拥抱，但愿一瓶就有效果。"

　　"酸奶是五元钱买的，虽然一路上被几位老师笑，但我认为这是六一节的标配，值得拥有。"

"就是喜欢粉粉的东西，小时候喜欢，老了依然喜欢，这就是不忘初心。"

……

在这些可爱的留言中，这些"超龄儿童"们童心焕发，互相传递着"开心过'六一'"的美好心情。正因为葆有童心，这些老师很自然地融入到活动中，与孩子们一起享受节日的快乐。

成为"儿童"，看见儿童，教育在悄然中进行着。

写到这里，不由得想起一个画面。我曾到一所学校参加教研，遇上大课间活动，到教室随处走走。在一间教室外面的走廊，看到一个孩子蹲在地上，好久都不见起身，我走到他身边，他似乎不受任何影响，仍然专注地盯着地面。我站在他旁边许久，好奇他究竟在看什么。我蹲下来看，哦，原来他在观察地上的一群蚂蚁。这时，突然走来一位年轻老师，大喊一声："×××，你在干什么啊？赶紧回来做操。"孩子很不情愿，但还是站了起来，慢慢地走回教室。在进教室前，他回了一下头，我冲他笑了笑。我想，这孩子在做操时一定还想着那些蚂蚁。"在正确的时间做正确的事"，这是很多老师教育孩子的道理。这位年轻老师的做法并没有错，按照学校的时间安排，学生需要集体参加大课间活动，保证锻炼时间。但是，我心里总有那么一点遗憾。如果这位老师在喊之前能多走几步到孩子跟前，如果这位老师也能蹲下来了解孩子在观察什么，如果这位老师能说"孩子，我们先做操去，等会儿我们再来看蚂蚁"，那么，关于蚂蚁的话题就有可能演绎出另一个教育故事了。

看不见蚂蚁，也就看不见儿童了。

还好在我们学校看见儿童的故事屡见不鲜。上周巡视学校大课间活动，我就遇见一件事情。在一个班级里的墙角处，孩子们发现了几只小虫子，大课间活动时孩子们跑到那里去看。南方潮湿再加上梅雨季节，飞蛾到处产卵，虽然学校组织做好定期消杀，但仍然会有遗漏之处。站在窗外，听到年轻的班主任小余老师跟孩子们谈这件事。小余老师先是提醒孩子们不要靠近小虫子，特别是不能去碰它们，然后说这个季节出现小虫子是正常的事情，已报告学校安排处理。最后，小余老师又说："这些小虫子肯定是觉得我们班的小朋友特别可爱，才到我们教室来的。小朋友上课时，小虫子也在听哦，它们在看哪个小朋友最认真。"听了最后几句话，我差点在窗外为她鼓掌。简短的对话间，既注意了卫生安全教育，又消除了小朋友的恐惧心理，还让他们懂得用积极的方式来看待生活中的偶发事件。

葆有童心，才能看见儿童。作为小学教育工作者，我们的教育对象是6—12岁的学生，他们是正在成长的儿童，因此，"儿童立场"应该是我们坚守的教育立场。蒙台梭利说，儿童是"上帝的密探"。马克思·范梅南说："看待儿童其实是看待可能性，看待一个正在成长过程中的人。"

不管是六一儿童节，还是平常的校园活动，组织实施都要思考两个问题：为了谁？服务谁？

"为了儿童，坚守儿童立场，服务儿童当下的快乐和未来的发展。"这应该是教育工作者用实践作出的响亮的回答。

用德育温暖课堂

周彬博士在《寻路新课堂》中提出："情趣先行，用德育温暖课堂。""要让学生喜欢上你的课，有两条路可以选择：一是让学生喜欢上你，这表现为一个'情'字；二是让学生喜欢上你的学科，这表现为一个'趣'字。"我特别喜欢"用德育温暖课堂"这样的表达，也开始在心里寻找那些温暖的课堂细节。

曾经有一段时间，马航 MH370 成了全世界牵挂的对象，每天有关它的新闻我是必看的。一天晚上电视台又发布了新消息："据中国资源卫星应用中心、中国科学院遥感与数字地球研究所等对卫星数据研判，18 日 12 点左右获取的高分一号卫星图像中，南印度洋海域（南纬 44 度 57 分，东经 90 度 13 分）观测到疑似漂浮物，长约 22 米宽约 13 米，距澳大利亚公布疑似物位置南偏西 120 公里左右。"刚好那段时间学生正在学习比例尺，这不就是一个很好的素材吗？于是，我上网下载了新闻简讯和图片，加到了准备上课的课件中。

课上，我先询问最近大家每天看新闻最关注什么，学生马上异口同声地说"马航 MH370"。"是呀，这段时间这架飞机牵动了全世界人民的心。那上面有 154 位中国公民，他们的亲属内心是多么煎熬啊。"接着，我出示了图片。"在这次的查找过程中，需要用到各种各样的设备，还需要进行很多的测算。从这张图中你们能看出用了我们学的什么数学知识吗？""比例尺。""对，比例尺的知识在这次搜寻过程中发挥了很大的作用。你们能算算这张图上的比例尺是多少吗？"我与学生一起量了图上的距离，然后学生开始动笔计算。我特别注意了几个容易分心的孩子，只见他们也很快地拿笔计算，不一会儿答案出来了。接着，我让学生再运用比例尺算出从澳大利亚到该地点的大致距离，并且让他们说说要注意什么。可以说，这样的练习已包括了本课的相关训练目标，求比例尺以及根据比例尺和图上距离求实际距离。虽然课本中也有相应的练习，但采用了新闻中的这些素材，孩子们在练习时神情是庄重的、认真的，这时他们的心里一定会有一种别样的感觉。到了总结阶段，我让孩子谈谈想法。一个孩子说，比例尺在生活中的运用非常广泛，也十分重要，一定要学好它。另一个孩子说，这时心里真矛盾，既希望这是飞机的残骸，因为这么久都没有信息，又希望这不是残骸，因为这样家属心里还有希望。这时，我发现几个女孩子眼眶有点红，一个女孩子甚至趴在了桌上。六年级的孩子了，对于这样的生离死别也有了一些感受。于是，最后全班一起祝福马航 MH370。这样的课堂，因祝福而温暖。

有一天，我经过一间教室，还是课前准备的时间，全班一起跟着音乐唱起了王铮亮的《时间都去哪儿了》，驻足细听，原来是静老师在上《匆匆》一课，这是第二课时了。孩子们轻声哼唱着"记忆中的小脚丫，肉嘟嘟的小嘴巴，一生把爱交给他，只为那一声爸妈。时间都去哪儿了，还没好好感受年轻就老了。……时间都去哪儿了，还没好好看看你眼睛就花了，柴米油盐半辈子，转眼就只剩下满脸的皱纹了……"把流行音乐引进课堂，与所学课文相得益彰，孩子们是从心里唱出来的，歌声显得特别动人。相信有了这样的情境，孩子们对《匆匆》的理解会更进一层。这样的课堂，因感动而温暖。

一天，我听一位初中数学老师讲他的教育故事。他了解到这段时间有很多学生喜欢看《爱情公寓》，剧中青春靓丽的男女主角，对于情窦初开的初中生们有着很强的吸引力。刚好这段时间在学开方。"我害怕，我会永远是那孤独的根号三。三本身是一个多么美妙的数字，我的这个三，为何躲在那难看的根号下。我多么希望自己是一个九，因为九只需要一点点小小的运算，便可摆脱这残酷的厄运。我知道自己很难再看到我的太阳，就像这无休无止的 1.7321……"这些表述，刚好与这些知识是相关的。于是，他下载了

《孤独的根号三》中的一小段视频，在课堂上学生欣赏着视频，为冷冰冰的数字也可以有如此热情浪漫的呈现而激动。时尚、新鲜的流行气息，恰到好处地与学习内容实现了契合。这样的课堂，因时尚而温暖。

德育，不应是空洞的，要结合当下的事件进行；德育，不应是古板的，要能把流行的信息引进课堂；德育，不应是冰冷的，要能激发学生对美好生活的向往与追求。教师与学生打交道的渠道主要在课堂，每位教师都应有德育的意识。让德育温暖课堂，温暖的不仅是学生，也包括教师自身。这样的课堂，会是美好的课堂；这样的教育，会是美好的教育。

美妙的"啊""哦"

　　课上，与孩子们一起探索用计算器发现规律，孩子们兴致很高，教材里的习题显然满足不了他们的探索欲望。于是，按照预设方案，我补充了142857 的规律，引导孩子们找到了这个数分别乘1、2、3 的规律：142857 × 1 = 14285（7），1×7=7；142857 × 2 = 28571（4），2×7=14；142857 × 3 = 42857（1），3×7=21。然后，我让他们思考这个数分别乘4、5、6 会是什么结果。孩子们先思考后交流，不一会儿，他们就自己发现了规律：142857 × 4 = 57142（8），4×7=28；142857 × 5 = 71428（5），5×7=35；142857 × 6 = 85714（2），6×7=42。听着孩子们不断传来的"啊？怎么会这样！""哦，我知道了！"我心里暗自高兴，这样的声音，真是课堂中最美妙的声音。

　　到此还不够，探究之路得继续往前走。当孩子们还沉浸在发现规律的感觉中，让他们猜如果乘7 会等于多少，孩子们还以为会跟前面的规律一样，在142857 中进行数字转换。我不急于公布答案，让孩子们马上用计算器计算。"啊，太奇怪了，怎么会都是9 呢？""是呀！怎么会这样呢？"这时，我的课前准备派上用场了。"142857，又名走马灯数。据说，它被发现于埃及金字塔内，它是一组神奇的数字，它证明一星期有7 天，它自我累加一次，就由它的6 个数字依顺序轮值一次，到了第7 天，它们就放假，由999999 去代班，数字越加越大，每超过一星期轮回，每个数字需要分身一次，你不需要计算机，只要知道它的分身方法，就可以知道继续累加的答案，它还有更神奇的地方等待你们去发掘！"看着孩子们一脸惊讶、满脸崇拜的神情，我暗自庆幸昨晚做的功课有效果了。

接下来，我又介绍了一个神秘的数——12345679，我跟孩子们说："它可以变出你喜欢的 1～9 中的一个数，不信试一试。"我让孩子说一个数，"9。""好，请你乘以 81。""啊，真是这样呀！都是 9，为什么呢？""再来一个！""3。""请你乘以 27。""是呀，都是 3 了。但是为什么呢？""老师，我知道了。"总是有一些反应比较快的孩子，才两次就发现了规律。"你说说！""要得到哪个数，只要乘以它和 9 的倍数。""对了，这个数叫作'缺8 数'，它就是这么神奇，至于为什么，同学们可以课后再查查资料，然后，拿到教室进行共享。"

计算器的使用方法基本不用教，孩子们完全可以在生活中靠"做中学"自己懂得，所以，在课堂上就不能简单地用它来帮助计算了，而要用它来帮助发现规律，然后应用规律，这样更能体现出它的价值来。

特别有意思的是，在课前准备阶段领读员进行听算练习时，有孩子偷偷用了计算器，结果却做得比别人慢。这正好为我提供了一个与孩子们谈话的契机，因为经常有孩子质疑计算的价值，不明白有了计算器为什么还要学那些令人厌烦的竖式计算。于是，"电脑只是工具，是用来为人服务的。不是任何时候都是用计算器会更快的"有了真实的事例加以印证，或许他们就能接受了。轻轻的几声"哦"传了过来，有些孩子点点头以示认同。

突然有了一个想法，我跟孩子们说：老师最喜欢的就是课堂上的两种声音，一种是"啊"，因为它体现了孩子们好奇的天性，说明课堂能够吸引你们；一种是"哦"，是孩子们自悟、顿悟的呈现，说明在老师留给你们的思考空间里，你们真正"学会"了。

本以为自己只是即兴说说，孩子们不一定有所感受。没想到，在周末的个性作业里，有孩子跟我说了自己的心声："李老师，您说您特别喜欢在课堂上听到'啊''哦'这样的声音，'啊'代表好奇，'哦'代表明白。我也属于其中的一个哦！'哦'一下。"

我的批语是"真好！多多'哦'"。

警惕教学中的"假情境"

创设情境,达到激趣启思的效果,这是很多老师在备课时考虑的一个问题。尤其是公开课,执教者总会想方设法让情境来得更自然些。创设情境,追求的应该是画龙点睛,但有时却是画蛇添足,甚至误导学生。"千教万教,教人求真;千学万学,学做真人。"陶行知先生的这句名言诠释了教育的真谛。作为教师,应该引导孩子追求真善美,自身也应该是这方面的典范。然而,经常在课堂上见到这样一些不和谐的"假情境"。

一节课上,老师在电脑上出示了一把学生用的尺子。老师说:"小朋友,你从这把尺子上发现了什么?看谁想得最多。表现好的老师奖给他一颗五角星。"学生非常高兴,争着发言:我知道了上面有几个数字;我发现了尺子上第一个是 0,最后一个是 20;我还知道了 12 的后面是几,前面是几……从孩子们的发言中可以发现他们的观察非常仔细,很多答案都是有创新性的。过了几分钟,课快要结束了,老师还没有奖励五角星。有的孩子急了:"老师,你怎么没有发五角星呢?"老师说:"下了课到老师身边来领。"可下了课,老师只顾自己走了,孩子的心里非常失望。在他们的印象里老师一直是这样的,只有比赛的规则,却没有结果……

物质奖励作为一种评价手段,在课堂上如果恰当使用的确能激发学生的学习欲望,特别是对低年级学生。但物质奖励又应该谨慎、巧妙地运用,还应该与精神奖励结合在一起。本案例中的老师用五角星激起了学生的学习兴趣，学生"争着发言""很多答案都是有创新性的"，这说明"五角星"对于学生是有很大的吸引力的。但老师却迟迟没有兑现奖品，甚至下课后只顾自己走了，我们可以想象孩子得有多失望，而当孩子逐渐习惯了这样的"欺骗"，老师就被贴上了"言而无信"的标签。我认为当孩子回答特别精彩或进步特别大时，老师就应该当场奖励"五角星"，并用语言说明奖励的原因。这样，评价的激励、导向作用才能发挥得更好。

在另一节课上，老师上《梯形的面积计算》，学生提出问题："老师，梯形的面积计算公式为什么和腰的长短无关呢？""这个同学提的问题很好，大家下课后研究研究。"老师这样回答。其实，这个问题点出了教学活动中的一个重要疏漏，即没有分辨"腰"和"高"的关系，"梯形"和"长方形""正方形"的转化关系。但可惜的是，执教老师没能抓住这个契机，只是一带而过。此类现象我们常常在课堂中遇到，如"同学们提的问题太多了，我们解决不了，下课再说吧！""如果还有不同的想法，下课再跟老师说。""大家有什么不明白的，下课再说！"……可如果你认真观察一下，下课后老师一般急忙拿着书本走了，"下课再说"成了一句虚假的承诺。

为什么会出现"下课再说"这种情况？我认为，主要还是老师担心被学生牵着鼻子走，怕完成不了教学任务而在潜意识中逃避问题。之所以说是潜意识的，是因为老师并非有意逃避问题，而是一种下意识的反应。"下课再说"现象有何不好呢？我认为这会影响师生之间的相互信任。我曾留心观察了很多节课，虽然课堂上老师承诺"下课再说"，但下课后并没有见到老师主动找学生了解问题，也没有见到学生围着老师"纠缠"不休，这说明师生都已忘记了问题，或者师生都已知道"下课再说"只是一种借口，如果是这样，老师对学生的教育影响会不会打折扣呢？也许学生创新的火花就在那不同的想法中，教育的契机就在那"有事"的学生身上，而一句"下课再说"把学生的热情浇灭了。如果"下课再说"成为老师的口头禅，那么老师在课堂上就不会全身心关注学生，不会用心捕捉契机，课堂就总是"依计而行"，而学生的思维就总是在问题的边缘游离，学生的思维无法开放，创新也就无从谈起。

课堂教学要从"执行教案"走向"互动生成"，这已成为老师的共识。

虽然这样的课堂更开放了，但也更容易出现一些出乎意料的教学故事。如何让这些故事更美丽、课堂更和谐，需要老师在教材解读、设计教学、捕捉资源方面不断思考与实践，这个过程，就是老师提升教育智慧的过程。当我们对学生作出承诺时，请想尽办法兑现，如果无法兑现或不能解决问题，不妨真诚地向学生道歉。"亲其师，信其道"，只有让学生觉得老师是真实的、真诚的，师生关系才会真正和谐。老师，请莫让诚信在课堂中流失。

16　李培芳卷

孩子，我要的不是你懂我……

　　年轻的柯老师上完公开课后，说了一句我很喜欢的话，她说："这节课和我想的完全不一样。"

　　听了这句话，我不由得笑了。我说，这是一句很可爱的话，也是一句很有意味的话。

　　有的老师，不管怎样都可以把课上成他们想要的那个样子，这未必是一件好事。

　　完全不一样是什么样？其实不一样的反而是最真实的。能在课堂中看见孩子真实的学习状态是美好的。

　　柯老师说这节课和她想的不一样，说明柯老师在上课前对这堂课是有期待的。对一堂课有期待也是美好的。有的老师对课堂没有期待或者期待很少，这很可惜。

　　只是，期待总有落空的时候。

　　华应龙老师执教《面积》一课时，先提供了很多"积小面成大面"的素材，有手工织布、凉席、珠帘等。然后，他让孩子想一想生活中有没有类似的"积小面成大面"的现象。

　　在孩子们思考的间隙，华老师拿板擦一个劲儿地擦那块已经非常干净的黑板，那无声的动作其实便是一种暗示。我想，华老师当时心中也是有期待的，然而，我看到孩子们并没有会意，在众多的回答中，没有人说到"黑板擦擦黑板也好像是积小面成大面"。

华老师停下擦黑板的动作，继续沿着孩子思考的路线往前行进。

俞正强老师执教《小数的意义、性质与加减法整理复习》一课时，大致的流程是这样的：先让三年级的孩子们做 11 道练习题；而后引导他们发现这 11 道题其实都源于本单元的 4 个知识点；然后让他们想象这 11 道题可以演化出多少道题来。结果孩子们发现 11 道题的背后有无数的题，就像一个海，叫作"题海"。

通过这堂课，俞老师想告诉孩子们的是：数学题是做不完的，陷入"题海"是很痛苦的，也是没有意义的。理解与掌握数学知识本身才是最重要的，做题只是数学知识的应用而已。

课程的设计足以清晰地传达俞老师的思想，当然这个思想是要孩子"悟"出来的。孩子悟到了吗？孩子能悟"道"吗？

检验的时刻到了，那是在上课的最后 3 分钟。俞老师问："小朋友们，这节课上到这里，你们知道这节课我想干什么吗？"

俞老师问出这个问题时，必定也是满怀期待的。

"你想让我们理解小数的意义。"

"你想让我们知道一种数有很多种表示方法。"

"你想让我们学会从不同的角度出发。"

"你想考我们，观察我们经验如何。"

孩子没有说到点子上，俞老师再问："我大老远跑过来给你们上了这节课，我想干什么？你明白吗？"

"你想让我们学习到意想不到。"

"你想让我们学会发散思维。"

"你想帮我们复习。"

"你想告诉我们，学数学不能那么死板。"

……

没人说，还是没人说。

我想，如果我是俞老师，我可能会说："孩子们，从这节课中，你们是不是感受到了，题是做不完的？数学学习重要的不是做题，而是理解每一个知识点。"对这样的问话，孩子从来不会说"不是"，然而孩子说了"是"就等于懂了吗？这问是假设，答也是假答。

当然，俞老师如果问了或者说了，大家也会觉得理所应当，因为这思想已经"昭然若揭"，也该水到渠成了。

俞老师没有说，他带着孩子般的笑容摇摇头，喊了一声"下课"。

这堂课，我看的是视频，在这个节点上，我反复播放，看俞老师当时的反应。俞老师课后转身走的时候，在我看来有一股英雄无奈般的落寞，那瞬间我竟热泪盈眶，我不太清楚是什么情愫触动了我，反正就是感动，满满的感动。当时，有这样的一句话哽住了我的喉：

孩子，我要的不是你懂我……

我要的是你成长。

最好的礼物

　　教育是奉献，是给予。而对于天真无邪的孩子们，作为老师能给予他们什么呢？是知识、思想、方法，还是别的什么？教育家告诉我们：所有的教育都要靠自己体会，没有一个人能够教育另外一个人。那么，可爱的孩子们，我可以给你们什么呢？我常这样问自己。直到有一天我似乎找到了答案。

　　那天在课堂上我出了这样一个练习题：一桶油，用去了 $\frac{3}{4}$，正好是 15 千克，还剩多少千克？在讲过几种常规的解法之后，我例行公事地问："谁还有不同的解法吗？"这时，一个小女生怯生生地站起来说："老师，我是用 $15 \div 3 = 5$（千克）。"我故作诧异地说："这样算有道理吗？大家同意这样的做法吗？"绝大部分学生都摇头表示不赞同。我心里知道她能这样做八成是知道算理的，便又问她："你能给我们说说你的想法吗？"她不是很自信地走上讲台，在黑板上画了线段图，结合图示讲得井井有条。同学们也似乎恍然大悟。我按捺不住激动的心情说："你真了不起！如果你愿意，长大后你会成为一名数学家的。"全班同学突然瞪大了眼睛看着我，好像我说错话了似的。我补充说道："晓琳同学能用图示的方法来简化解题策略，她具备了数学家的素质，只要她愿意，只要她努力，我相信我不会看错的！"话刚说完，班级里顿时响起一片掌声……

　　就在那一刻，我深深地体会到：作为老师，能给学生最好的礼物恐怕就是激励了！

今天我们为什么学数学

学生们又问我"学这个内容有什么用",不止一次了!

那天我上课的内容是《倒数》,在课堂总结阶段,当我让学生质疑教学过程时,很多同学问:"老师,我们学倒数有什么用?"我告诉他们学习倒数是为以后学习分数除法作准备。学生显然对这样的回答不是很满意,可我似乎也想不出其他更好的答案了。一天,在学完《比的应用》后,学生们又问:"老师,学习这个内容有什么用?"我想了想,说:"学了比的应用,可以帮我们解决生活中的问题,如工程建筑中要把石子、水泥、沙按一定的比和成混凝土,就用得到。"这时一个学生说:"我们又不要当泥水匠,学这个没用!"我心想:你小子要老是认为学数学没有用,保不准你还真得去当泥水匠!当然话是不能这样说的!说笑而已。

看来,学生们对数学学习的用处极为重视。这其实也没错,学以致用嘛,费时费力费精神学没用的东西有什么意义呢?可要说学数学没用,那也太无知了吧!开头,我一直认为"学数学有用吗"不能算是一个问题!但被问的次数多了,总觉得应该郑重其事地为学生们解释解释。可要说清楚学习数学的用处还真不容易。后来我使劲想了想,总算想出了以下几点。

说法一:数学是一切科学的基础,一切重大科技进展无不与数学息息相关。没有数学就没有电脑,就没有电视,就没有航天飞机,就没有今天这么丰富多彩的生活。可这样说学生能理解吗?能引起他们的共鸣吗?有点悬!

说法二：学好数学是成功成才的必要条件，不学好数学就考不上好大学，也就不会有大成就。这话说得够实际的，可也太功利了吧？这无形中等于告诉学生数学是他们成才的"绊脚石"。这不是激励学生学好数学，而是在恐吓他们啊！

说法三：数学是思维的体操。多做体操身体健壮，多学数学头脑聪明。然而，我们应该清醒地看到，不仅仅数学可以培养逻辑思维，并且锻炼数学思维的各种方法也不只有学习数学才能获得。诸如物理、化学，甚至人文学科都与数学有着很多相似之处，很多学科是相通的，因为它们都是对生活现象与经验的提炼。而如今的现实是数学与其他学科被绝对分离，以及对数学功能的夸大其词，使学生不敢对数学有丝毫放松，拼命在数学上考出高分以显示自身存在的价值。有一位物理学家讲过："数学如果离开物理，还剩下什么？"也许剩下的只是一具僵硬的外壳，一个由各种零件组装的机器，了无生机，无法吸引学生的注意力。

说法四：反问学生们"学数学就只是为了现在马上用吗？因为我们现在用不上数学就断定学习数学没用，你们是不是也太功利了？"可这不就是我们对问题的回避吗？还不如不回答。况且，不功利，难道还要用"献身"的精神来学数学吗？

说法五：学数学是因为学数学有趣啊！然而，要让学生感到学习数学有趣，毋庸讳言，有点难！因为数学是一门高度抽象的科学，符号是它的语言，晦涩难懂。在实践中经常看到很多老师在课堂上精心设计问题情境，把数学融入现实的情景之中，学生满脸兴奋，但随着教学的进展，当学生需要构建数学模型进而要去解决问题时，感觉又陷入了符号的泥潭，难免又感无趣，提不起学习的热情。这是数学学习的一个较为"广泛存在"的现实。

……

回头看看，这些说法还真一点说服力都没有。看来，怎样让学生认同学习数学有用，还真不能不说是一个值得我们去深思的问题。

后来，一个要好的朋友来家里，我们又谈到这个问题，他说，还有一种说法，就是告诉学生："不管什么人都不可能知道自己未来会从事哪种工作，在你们中间出一个数学家也不是不可能呀。如果现在不学好数学，等于把自己成为数学家的可能性给扼杀了啊。今天我们的学习大多只是一种储备，是为明天、为未来的一种准备。何况数学在许许多多的领域都有很重要的应用，说不定哪一天要用到的呀。"可这会不会是"老师也不清楚对你们来说学习今天的数学有什么用"的意思啊？

我不由得又想，怎么会使这个原本不是问题的问题成为问题呢？会不会是我们一直坚信的"数学至上"的思想有问题呢？数学是不是离生活太远了呢？还有，小学六年级的数学真的是我们的学生必须学的吗？……

有一天我没空，我爱人主动帮我改考卷，没想到她竟然不懂如何改！这本也没什么可大惊小怪的，但问题是我爱人读小学时数学学得特别好，在当时的小学毕业会考时数学考了满分，并从农村小学考入县第一中学。这是我们那小学办学几十年来的头一回，以至校长逢人便说，就是现在20多年过去了，还对此津津乐道。可那些她与她那辛劳的老师们付出巨大努力而获得的数学知识，在她的成长中，在她的生活里，又有多少现实价值呢？而如今她不懂得改数学考卷是不是有点嘲笑的意味？……

今天我们为什么学习数学，也许我也有点糊涂了，不过我们学数学绝不仅是为了考试，也绝不仅是为了成才，更不是为了"献身"，这其中一定有生活之需的因素，必然有来自自我的主动因素，然而，这些不仅要让作为老师的我们有所感受，更要让我们的孩子们感受到。要不，教数学最大的成果说不定就是让孩子们厌恶数学、害怕数学，甚至憎恨数学。而真要是这样，所有我的同行们：我们还不如回家卖红薯！

"欧拉"的"错"

教学生涯中，有一段惭愧的经历，在那一天，我否定了一个同学的回答，相当于否定了著名的"欧拉公式"。

那一天，我让学生思考：长方体面、棱、顶点的数量间有什么关系？

生：棱的数量 = 面的数量 ×2。

师：每个面都有 4 条棱，按道理，棱的数量 = 面的数量 ×4 才对啊？

生：这样算的话，每条棱就都重复算了两次。比如这条棱既是上面的边，也是前面的边，再比如，这条棱既是前面的边，也是右面的边。所以，棱的数量 = 面的数量 ×4÷2。（全班同学自发地鼓掌）

生：顶点的数量 = 棱的数量 ×2÷3，因为每条棱有 2 个顶点，3 条棱相交于一个顶点。

生：顶点的数量 = 面的数量 ×4÷3。（学生阐述理由略）

哇，没想到一个无心的问题竟然引出孩子们这么有分量的思考。好的问题像"酵母"一样，是学生思考的催化剂。我有点陶醉，陶醉于学生深刻的思考，更陶醉于自己精妙的设问，太美了！这时，一个学生举手了，他给出了一个让我永生难忘的回答："面的数量 + 顶点的数量 –2= 棱的数量"。

直觉告诉我，这个关系纯粹是"生拼硬凑"出来的所谓发现，它背后是没有数学道理支撑的。这就像说"面的数量 = 棱的数量 –6""面的数量 = 顶点的数量 –2"一样。

当时我就回了一句："哦，是啊！真是凑巧，不过，你能像刚才几个同学一样，说说为什么'面的数量＋顶点的数量－2＝棱的数量'吗？"这个同学无语地坐下了。

后来，也不知道过去了多久，我在一本书上看到了欧拉公式。多面体的顶点数 V、面数 F 及棱数 E 之间有关系：V+F－E=2。这个公式叫欧拉公式。

时至今日，我也没能找到那个孩子，并告诉他，那天他发现了欧拉的发现。

我将这个错例与师父华应龙名师工作室的兄弟姐妹们交流后，大家也是唏嘘不已，虽然大家都觉得这个错误无可避免，然而，我始终无法释怀。

于是师父跟我说了这样一句话："老师要尽量扩充自己的知识面，但是不可能'无所不知'，当时的我怎么做才好？"

这句话看似波澜不惊（师父总是仁慈），实则分量千钧！"当时的我怎么做才好"背后的潜台词显然是"当时的我做得不好"，所以这个错不只是错在客观，其实更多地错在主观！

我反思，这个错反映了教师在教学中存在一种"鲁莽"的自信。"直觉告诉我，这个关系纯粹是'生拼硬凑'出来的所谓发现……"我们有时候太相信直觉了（对于学术的直觉没什么坏处，但对人的判断的直觉大多乏善可陈），越是教学经验丰富的老师越容易凭直觉作出判断。这样的"冤案"不在少数："我觉得你讲话了。""这个题你会做？""你一定没认真审题。"……将心比心，世界上再没有比这种"冤案"更让人郁闷的了，我真想替学生问问"你都确定了还问我干吗！"然而，当这样的事发生在自己身上又难免"灯下黑"。感谢师父指引我认识到潜藏在内心深处的错误观念，"朝闻道，夕死可矣"，有这样的发现也算是一种宽慰，感谢这个错。

我反思，这个错反映出教师教育观念里的某种"执"。想想自己跟随师父多年，在师父的耳濡目染下，"化错"的意识是有的，宽容学生的错误，悦纳学生的错误在教学中也自觉地践行着。那么为什么还会反问学生，并让他无语地坐下呢？归根结底源于我的观念中存在一个特别不能接受的东西（应该是很多数学老师都无法接受的）：问题解决时有的学生会根据数量的大小拼凑出答案！这种所谓的解决问题完全绕过了数量关系的分析，是有害的数学思考。当时"我的做法"是有点想"教训"这样的思考方式的。这就是我所发现的自己教学观念中的"执"。"人是观念的奴隶"，观念一旦形成，人便自觉不自觉地依据观念行事。细细想来，这种"执"是有害的，因为它阻止了学生的另一种思考路径，潜意识里"规定"了学生不能"这样想"，然而数学发展过程中依据个例的概括，再经由不完全归纳形成的猜想还少吗？有这样的感悟也算是一种宽慰，感谢这个错。

那么，收回所谓的"直觉"，放下观念里的"执"，或许可以回答师父"当时的我怎么做才好"。

其实观念对了，就什么都对了！

我或许会说："有意思啊！还真是这样！你是怎么发现的啊？"让他高高兴兴地说……

我或许会说："是吗？面的数量＋顶点的数量－2＝棱的数量，咱们来看看是不是这样……哇，还真是这样啊，谢谢你的发现，不过，为什么会这样呢？咱们一起来想想。"结果师生谁也想不出来。"哈哈！想不出道理不代表没道理，下课咱们接着想好吗？"想不出来也是想，想不出来一样可以滋养孩子的数学智慧。

我或许会说："哇，这会不会是一个重大的数学发现呢？长方体有这样的规律，其他立体图形是不是也有这样的规律呢？咱们课后去探索好吗？"只是我一定不可能这样说，我是事后诸葛亮才这样说的。然而我真的不可能这样说吗？

哦，我明白了！我不可能这样说的根源在于我对儿童没有一种信仰！

我发现，教育观念中对儿童的信任是普遍缺乏的。这可能是教育实践中一种最显见而又最隐蔽的缺乏。我们不可能这样说，是因为我们打心眼里不认为学生能发现我们都发现不了的发现。如果我们在观念里足够相信儿童，如果我们信仰"儿童的可能性更丰富、更生动、更巨大"（成尚荣），如果我们牢记"你若以为小孩小，你比小孩还要小"（陶行知），这种做法是可能出现的。师父曾说："你把孩子当天使，你就活在天堂！"我们为什么不把孩子当思想家呢？况且，孩子就是天生的思想家啊！有这样的顿悟真是一种幸运，感谢这个错。

当然，如果这件事发生在明天，我会说："同学们，你们知道这个同学有多了不起吗？他发现了伟大的数学家欧拉的发现，我们以有这样的学习伙伴为荣……"我一直期待这个学生的出现！教师不可能"无所不知"，然而还是应当尽可能地知道得多一些再多一些！

师父常说，感谢这个错！

我今天也想说，感谢这个错！今天说这个话时，心中满满的是感谢！

哦，不，还有，欠那个孩子一个真诚的道歉……

创造富有魅力的数学课程

创造富有魅力的数学课程是每一位数学教师的共识，然而知易行难。

从观念层面看，数学课程的创新不应当只为新异而创造，而应当为学生而创造，为学习而创造，为素养而创造。在教学实践中，不乏为新而新的所谓教学创新。在这种思想的指引下，教学往往陷于无谓的迂回、曲折、造作，甚至故弄玄虚。只要读者留心观察，可以看到不少这样的教学案例。如一位老师在教学简易方程时，让学生探究解方程的格式，浪费了不少教学时间。当同伴问到这个内容为什么不让学生自学时，这位老师坦言，因为让学生自学没有创意。其实，这样的创新对于学生而言是谈不上有魅力的。当学生费尽九牛二虎之力，发现学习所得不过尔尔时，感受到的可能是失望。数学课程的创新只有服从学习的需要、学生数学素养发展的需要才有意义。

另一方面，数学课程的创新不应当来自数学外部，而应当来自数学学科本身，更一般且有效的创新课程应当是小学数学主要学习内容的创新。时下，在数学课程创新方面有两种常见的做法：一是在数学课堂中穿插绘本、视频、魔术、游戏等内容或形式。这种做法无可厚非，我只是想提醒：如果学生喜欢数学课堂只是因为有游戏、绘本、魔术，那么教师可要警惕了。"向学生展现数学本身"无论什么时候都是让数学课程充满魅力的前提。二是在数学课堂之外带领学生玩数学魔术、数学学具、数学步道等。这种跨界的课程让数学更丰富、更多元，学生确实也能从中体会到数学课程的魅力。然而，这只能是数学课程的补充。数学课程创新的关键仍然是对课内主要学习内容的创新。试想，当学生在数学魔术与数学步道中流连忘返，而后发现数学课堂依然"重复昨天的故事"，他们会有怎样的感受？数学课程是否有魅力取决于学生的感受。

从操作层面看，创造富有魅力的数学课程，途径无非两个：一是用数学自身的魅力吸引学生；二是用学习本身的乐趣吸引学生。前者通过数学学习内容的加工得以实现，后者通过让学习回归学习本质得以实现。二者从内容和形式上让创造富有魅力的数学课程成为可能。

首先，应当展现数学本身的魅力。数学家华罗庚说过："就数学本身而言，是壮丽多彩、千姿百态、引人入胜的……"著名特级教师华应龙老师用数学黑洞"495"让学生进行"多位数减法的练习"；一位教师设计"寻找完美数"的活动让学生学习"找因数"；我曾以"靠墙围长方形篱笆，篱笆长是 36 米，长方形面积最大是多少？"一题组织学生进行"长方形面积与周长的对比"……凡此种种，课程内容是一样的，只是载体不同，而不同的载体所彰显出的数学魅力却大相径庭，甚至有天壤之别。

其次，应当展现学习本身的魅力。国际学校教育专家威廉·鲍威尔在其著作《如何进行个性化教学》中指出："所有的学生都能学习，就好像所有的孩子都能呼吸，所有的河水都能流下山坡……学习是人脑唯一能做的事情，它不会行使其他功能。"学习是人与生俱来的本能，不学习反而可能是学习的结果。试想，如果学习只是机械的模仿，如果学习只是纯粹的死记硬背，学生喜欢学习才是怪事。可见，展现学习本身的魅力其实只是让学习回归本质。虽然"教学不是一口袋子戏法"（威廉·鲍威尔），然而，"如果在你的工具箱里只有一把锤子，那么所有的问题在你看来都像钉子"（亚伯拉罕·马斯洛）。一成不变只会生出无趣来。因此，教师不断丰富、创新学习形式，让学习充满生命的活力与张力是有必要的。在数学课程的学习方法方面，有诸多另类的做法，如微课、翻转课堂、化错教学、尝试教学、预学导学、思维导图、学习共同体、小先生制，等等。那些"不同"总是让人们心生期待，这样的数学课程即便在内容上逊色一些，其魅力也是无法抵挡的。

华应龙老师提出"我就是数学"。马克斯·范梅南在其专著《教学机智》

中也提出了相似的观点：一位科学课教师不只是一个碰巧讲授科学课的人而已。一位真正的科学课教师是一位反思着科学、探索着科学的自然属性和自然界的科学的人，是一个自身体现了科学并身体力行的人，从某种意义上说，他就是科学。可见，数学教师应当也必然成为数学课程的一部分。而从更广泛的意义来看，数学课堂的环境、数学学习的氛围乃至每一位学生本身都可能成为数学课程。看来，创造富有魅力的数学课程的核心乃在于形成一个充满吸引力的数学学习的场，在这个场里，所有的人、事、物都至为关键。

　　创造富有魅力的数学课程是每一位数学教师的梦想，心向往之，行必能至。

图书在版编目（CIP）数据

换个角度看教育：16 个小学数学特级教师随笔精选／叶建云主编 . —上海：华东师范大学出版社，2019
ISBN 978 - 7 - 5675 - 9070 - 0

Ⅰ.①换 ...　Ⅱ.①叶 ...　Ⅲ.①小学数学课—教学研究—文集　Ⅳ.① G623.502 - 53

中国版本图书馆 CIP 数据核字（2019）第 060420 号

大夏书系 · 数学教学培训用书

换个角度看教育
——16 个小学数学特级教师随笔精选

主　　编　　叶建云
策划编辑　　朱永通
审读编辑　　张思扬
封面设计　　奇文云海 · 设计顾问

出版发行　　华东师范大学出版社
社　　址　　上海市中山北路 3663 号　邮编　200062
网　　址　　www.ecnupress.com.cn
电　　话　　021 - 60821666　行政传真　021 - 62572105
客服电话　　021 - 62865537
邮购电话　　021 - 62869887　地址　上海市中山北路 3663 号华东师范大学校内先锋路口
网　　店　　http://hdsdcbs.tmall.com

印 刷 者　　北京季蜂印刷有限公司
开　　本　　700×1000　16 开
插　　页　　1
印　　张　　16
字　　数　　229 千字
版　　次　　2019 年 10 月第一版
印　　次　　2019 年 10 月第一次
印　　数　　6 100
书　　号　　ISBN 978 - 7 - 5675 - 9070 - 0
定　　价　　49.80 元

出 版 人　　王　焰

（如发现本版图书有印订质量问题，请寄回本社市场部调换或电话 021-62865537 联系）